Preschool Classroom Management
150 Teacher-Tested Techniques

幼儿园班级管理技巧150

[美] Laverne Warner & Sharon Anne Lynch / 著

曹宇 / 译

中国轻工业出版社

图书在版编目(CIP)数据

幼儿园班级管理技巧150/(美)华纳(Warner, L.),(美)林奇(Lynch, S.A.)著;曹宇译. —北京:中国轻工业出版社,2017.2(2025.1重印)

ISBN 978-7-5019-7936-3

Ⅰ.①幼… Ⅱ.①华… ②林… ③曹… Ⅲ.①幼儿园-班级-学校管理 Ⅳ.①G617

中国版本图书馆CIP数据核字(2010)第226642号

版权声明

PRESCHOOL CLASSROOM MANAGEMENT by SHARON LYNCH, LAVERNE WARNER

Copyright: © 2004 by SHARON LYNCH, LAVERNE WARNER
This edition arranged with GRYPHON HOUSE, INC.
Simplified Chinese edition copyright:
2017 CHINA LIGHT INDUSTRY PRESS
All rights reserved.
Simplified Chinese rights arranged through CA-LINK International LLC

责任编辑:吴 红　　责任终审:杜文勇
策划编辑:高 君　　责任校对:刘志颖　　责任监印:吴维斌

出版发行:中国轻工业出版社(北京鲁谷东街5号,邮编:100040)

印　　刷:三河市鑫金马印装有限公司

经　　销:各地新华书店

版　　次:2025年1月第1版第7次印刷

开　　本:720×1000　1/16　印张:17.5

字　　数:120千字

书　　号:ISBN 978-7-5019-7936-3　定价:34.00元

读者热线:010-65181109

发行电话:010-85119832　010-85119912

网　　址:http://www.chlip.com.cn　http://www.wqedu.com

电子信箱:1012305542@qq.com

版权所有　侵权必究

如发现图书残缺请拨打读者热线联系调换

241851J5C107ZYW

译 者 序

在翻译这本书的过程中，我发现，它展现了我生活中最寻常的时刻，仿佛自己走进了教室，看见了活泼可爱、有些调皮的幼儿，遇到了各种各样的家长。这本书，讲述了每位幼儿教师在幼儿园班级管理中会遇到的种种问题，它犹如一部电影，回放着幼儿教师每日工作的点滴瞬间。

翻译这本书的过程，也是温暖我心灵的过程：

第一个温暖源自"亲切"。这本书呈现的都是真实的、具有生态特点的事件，很多事件都是幼儿教师亲身经历过的，让人心生共鸣。

第二个温暖源自"关爱"。阅读此书，我感受到的是作者传递的爱的暖流，是一位幼儿教师对幼儿的浓浓的关爱。幼儿教师只有摘下师道尊严的面具，蹲下身子和幼儿交流，用无私的爱去贴近幼儿的内心世界，读懂幼儿行为背后的意义，才能真正理解幼儿、关爱幼儿。

第三个温暖源自"包容"。人无完人，孰能无过？更何况是成长中的幼儿。看到幼儿做出"捣蛋"等不适宜行为，作为教师，一味地斥责他们管用吗？这本书里有很多解决问题的办法，它们体现的是对幼儿的包容，更是对幼儿的帮助。每个人都有犯错的时候，幼儿教师只有保持包容之心，才能在与幼儿的共处中体会到快乐。

第四个温暖源自"生活"。幼儿园不是象牙塔，每个幼儿来自不同的家庭，都有自己的文化背景。或许家长的职业让你头疼不已，或许文化差异让你困惑不解，但是，这就是真实的生活，是每位幼儿教师必须要面对的。本书讲述了很多关于文化、家庭、家长的内容，它告诉幼儿教师，当我们走进幼儿的家庭，倾听并理解家长的时候，就会发现，换一个视角，问题可能会迎刃而解。

合上这本书，我感到内心的充实，感到有一种力量支持我继续坚守在学前教育工作岗位上。每天与幼儿们在一起，和他们一起体验并经历真实的人生与成长，让我觉得是多么幸运的一件事情！这本书每章最后的实践案例都讲述了一个幼儿的故事，每个幼儿背后都有一个家，尽管每个家各有各的难处，但每个家都有让人感动的爱——父母与幼儿相依相伴，共同成长。因此，当我们与幼儿以及他们的家长，共同承担起这份体验生活的责任时，这不仅是工作，更是神圣的、光荣的使命。

我到幼儿园第一年工作后不久，我所在班的一个幼儿要跟随她的家人离开中国回美国，她的妈妈拿出相机给我和幼儿拍照，我问："为什么要拍照呢？"她说："我要尽力帮幼儿把每个第一次都留下纪念：第一位照顾她的护士，第一位给她看病的医生，第一位教她的老师……"霎时，我的心融化了。幼儿教师是什么职业？是和幼儿一起经历人生的职业。每个幼儿都是小天使！如果一个人的工作是和小天使一起度过，难道不是世间最幸运的事情吗？感谢出现在我生命中的小天使们，感谢融入我生命中的天使朋友，我爱每个小天使，我爱我的天使朋友！

曹 宇

2010年10月4日于上海

序　言

布莱克老师无意中听到4岁的汉斯对杰里米说:"要是我拉一下这个手柄,你猜会发生什么事?"杰里米回答:"我想你不会去拉它的!"但是,当布莱克老师转身时,她却正好看到汉斯拉动了从大楼休息室连接到操场的火警警钟。几分钟内,幼儿园的小朋友就被疏散开了。几个小时后,布莱克老师请人购买了一种保护盖放在警钟上,以免幼儿园再发生类似的事。

本书用于帮助那些新入职或工作经验不足的幼儿教师,书中提供了班级管理的参考标准、实用技巧,也提供了出现特殊情况的处理建议。正如上述案例中提到的在警钟上安装保护盖,虽然本书中描述的班级管理技巧旨在帮助教师预防教室中出现某些问题,但是如果问题出现了,本书也能为教师提供一些解决方法。

有效班级管理在帮助幼儿发展成独立个体方面起着重要作用,独立的个体意味着能控制情绪、积极地参与活动、有效率地行事。有效班级管理为幼儿提供了学习适宜社会行为的基础,班级管理的过程需要教师、家长、幼儿之间的积极互动以帮助幼儿理解自己和他人的感受。幼儿和成人之间的积极互动是幼儿学业成功的关键。

本书中描述的"实用技巧"基于以下三个信念:

(1) 成人在幼儿面前必须是自我管理的榜样。
(2) 教师对幼儿的需要应该保持敏感。
(3) 幼儿想知道成人希望他们做什么、怎么做。

理解这三个信念对促进幼儿的健康发展和社会性学习很重要。班级管理中最重要的内容是让幼儿习得适宜的社会行为。

那么，幼儿是怎么习得适宜的社会行为的呢？作为教师，首先，应该对班里的幼儿有符合现实的期望。幼儿一般都是情绪冲动的，他们哭闹、推挤、尖叫、想要别人手里的玩具，他们是活在当下的，"他们的需要是即时的、热切的、个别化的。"可见，跟幼儿的日常互动需要教师对他们的需要做出及时的回应，需要用平和而坚定的态度进行班级管理。

幼儿需要成人关心他们，理解他们所遇到的困难。教师应当帮助他们找到克服困难的办法。向幼儿解释他们遇到的困难，给他们提出一定的建议，都有助于他们理解，不管人生中遇到的困难看上去多么难以克服，都是可以探讨并最终得到解决的。

其次，教师应当帮幼儿明确并理解班级常规，这是大家都应该遵守的规则。通常，5岁幼儿能胜任制订班级规则的任务，更小的幼儿则需要教师为他们概括出要遵守哪些规则。三四条简明扼要的核心规则即可，数量太多反而不利于幼儿遵守。比如，幼儿需要做到以下三点：

(1) 在班级中能和其他小朋友友好相处。

(2) 学会轮流。

(3) 注意安全。

教师需要花点时间在学年之初就定下班级常规，并时刻提醒幼儿要在班级管理的"常规"下行事。例如，当威尔逊把沃吉搭的积木推倒时，教师就可以介入，提醒威尔逊应该对沃吉"友好"，他可以边玩其他玩具边等沃吉离开积木区；教师还可以运用行为指导策略向威尔逊讲解他的行为，帮助他理解他的行为带来的后果。

"看看沃吉，"你可以这样跟他说，"你把她的积木推倒了，她多伤心呀！来，威尔逊，我们帮她把积木捡起来，然后我帮你找点别的东西玩儿。等沃吉过一会儿玩好了，你就可以来搭自己的大楼了。"

有时，允许幼儿自己尝试解决问题对他们也是有帮助的。教师要时刻关注发生了什么，看幼儿是否会维护自己的利益，是否需要成人介入。

比如,从"娃娃家"传出一个幼儿大声的尖叫并不意味着需要你立刻介入。如果耐心倾听,你可能会听到:

"喂,朱尼!你把我的玩具拿走了,"马西叫道,"我还没玩好呢!"

"今天我要玩这个!"朱尼坚持说。

"可以让你玩一会儿,但是我要先喂她吃饭,吃完饭再给你玩。"

"好!"朱尼回答,"你先喂她吃饭,回头我再来跟她玩!"

本书探讨了班级管理的各方面内容。第1章描述了指导幼儿的有效教师行为,包括教师如何照顾自己、如何平衡自己的生活与有效为幼儿服务之间的关系。第2章描述了班级管理的一般适用原则。第3章强调了教室环境设计是如何影响幼儿学习的。第4章阐述了如何有效设计班级一日活动及流程。第5章主要讲述如何创设对学习者充满关怀的社区。第6章讨论了如何发展积极的家园合作关系。第7章指出如何分析幼儿的问题行为。第8章和第9章涵盖了教育行为的选择和交流技巧。班级管理是持续的过程,并非易事。大量的、耐心的与幼儿及其家长的互动是有效班级管理的重要组成部分。

当你阅读本书的时候,请记住下面的建议:

首先,本书中任何一章的内容都不能单独作为一个完整的指导计划来指导教师进行班级管理。教师必须把班级管理的各方面指导准则结合起来使用,才能最大程度地减少班级管理问题,获得有效的解决办法。

班级管理的过程事实上是教师与幼儿建立关系的过程。当幼儿感受到教师的关心、友好和呵护时,他们会做出积极的回应。在强调幼儿出现的某种问题行为时,最好让他们感觉到教师是在帮助他们发展适宜的社会交往技巧。引导幼儿表现出适宜的行为也是教育的一个方面,它与教幼儿认识数字、字母、颜色同等重要。

其次,幼儿与成人一样,既有心情愉快的时候,也有伤心的时候,但他们不能像成人那样用语言来表达自己所遇到的困境。比如,幼儿不会说:"我今天很难过,所以请原谅我的不良表现。"因此,幼儿需要成人教他们用语言来表达自己的感受，教他们认识到什么行为是适宜的行为。

有些学者曾将成功的教师定义为："倾听、理解幼儿的感受与困境，并以尊重之态度进行回应；引导幼儿解决冲突，并向他们示范解决冲突的技巧。"幼儿园班级管理中的问题是层出不穷的，也是无法预估的。教师要想结束疲于应对的状况，只有让幼儿学会自我管理，从根本上减少甚至杜绝班级问题的发生。而本书正是通过帮助幼儿教师分析班级管理的问题、探寻适宜的解决方案，来培养幼儿的自我管理能力。

本书最想告诉大家的一点是：教师的积极态度是班级管理取得成功的关键要素。如果教师相信幼儿的行为能变好，那么幼儿的行为就会变好。如果教师相信家长会积极地回应教师提出的建议，那么家长的确会如此。如果教师将幼儿的问题行为看做幼儿成长与发展的一个方面，那么教师引导幼儿表现出积极行为的努力也将会收到成效。

最重要的是，当教师和幼儿在一起时，教师要有耐心，要关心他们，要以身作则来约束自己。如果教师表现出友好的态度并能很好地约束自己，那么幼儿将乐于把教师当成模仿的对象。

目 录

第一篇 /1

第1章 成功的幼儿教师 ································ 3
1. 成功的幼儿教师的人格特质 ······················ 4
2. 表达对幼儿的尊重 ··························· 5
3. 时刻关注幼儿的需要 ························· 7
4. 理解文化差异 ································ 8
5. 引导幼儿从错误中学习 ······················ 10
6. 教导幼儿适宜的行为 ························ 11
7. 培养幼儿的个性 ····························· 13
8. 认识幼儿的不适宜行为 ······················ 14
9. 积极应对情感强烈的幼儿 ···················· 16
10. 对班级管理保持积极的态度 ················· 17
11. 悦纳幼儿 ································· 19
12. 激发幼儿学习的热情 ······················· 20
13. 保持生活的平衡 ··························· 22
14. 实践案例：琳达的故事 ····················· 24

第2章 基本原则 ································ 27
15. 抓住幼儿表现好的时机 ····················· 28
16. 忽视幼儿的消极行为 ······················· 29
17. 对事不对人 ······························· 31
18. 未雨绸缪 ································· 32
19. 采用民主生活的原则 ······················· 34

20. 制订班级规则 35
21. 向幼儿解释为什么需要规则 36
22. 坚持规则 38
23. 引导幼儿正视行为的后果 39
24. 表扬"好"行为 41
25. 帮助幼儿理解意外情况 42
26. 善用暗示信号 43
27. 使用"还记得……" 45
28. 转移幼儿的注意力 46
29. 为幼儿保留私人时间 48
30. 引导幼儿在室内和室外用不同的音量说话 49
31. 唱歌 50
32. 做手指游戏 51
33. 做游戏 52
34. 实践案例：易迪的故事 54

第3章 环境创设问题 57
35. 创设一个有趣的、能吸引幼儿的教室环境 58
36. 展示班级规则 60
37. 组织成功的圆圈活动 61
38. 合理设计进餐时间 62
39. 提供选择的机会 63
40. 对教室的环境进行思考 65
41. 设计过渡环节 66
42. 组织幼儿进行区域活动 67
43. 创设幼儿喜欢的活动区 69
44. 实践案例：德瑞克的故事 73

第4章 一日常规和流程 75
45. 幼儿需要常规 76

46. 幼儿需要熟悉的面孔⋯⋯⋯⋯⋯⋯⋯⋯⋯⋯⋯⋯⋯⋯⋯⋯⋯77
47. 满足幼儿的身体需要⋯⋯⋯⋯⋯⋯⋯⋯⋯⋯⋯⋯⋯⋯⋯⋯⋯78
48. 满足幼儿的社会性需要⋯⋯⋯⋯⋯⋯⋯⋯⋯⋯⋯⋯⋯⋯⋯⋯79
49. 满足幼儿的情感需要⋯⋯⋯⋯⋯⋯⋯⋯⋯⋯⋯⋯⋯⋯⋯⋯⋯81
50. 促进幼儿的认知发展⋯⋯⋯⋯⋯⋯⋯⋯⋯⋯⋯⋯⋯⋯⋯⋯⋯82
51. 设计合理的活动流程⋯⋯⋯⋯⋯⋯⋯⋯⋯⋯⋯⋯⋯⋯⋯⋯⋯84
52. 为紧急事件做好安排⋯⋯⋯⋯⋯⋯⋯⋯⋯⋯⋯⋯⋯⋯⋯⋯⋯85
53. 培养幼儿的专注力⋯⋯⋯⋯⋯⋯⋯⋯⋯⋯⋯⋯⋯⋯⋯⋯⋯⋯86
54. 实践案例：安德鲁的故事⋯⋯⋯⋯⋯⋯⋯⋯⋯⋯⋯⋯⋯⋯⋯88

第5章 营造关怀的社区⋯⋯⋯⋯⋯⋯⋯⋯⋯⋯⋯⋯⋯⋯⋯⋯⋯⋯⋯91

55. 传授协商的技能⋯⋯⋯⋯⋯⋯⋯⋯⋯⋯⋯⋯⋯⋯⋯⋯⋯⋯⋯92
56. 帮助幼儿学会轮流⋯⋯⋯⋯⋯⋯⋯⋯⋯⋯⋯⋯⋯⋯⋯⋯⋯⋯93
57. 帮助幼儿学会做决定⋯⋯⋯⋯⋯⋯⋯⋯⋯⋯⋯⋯⋯⋯⋯⋯⋯94
58. 帮助幼儿理解他人的观点⋯⋯⋯⋯⋯⋯⋯⋯⋯⋯⋯⋯⋯⋯⋯97
59. 帮助幼儿学会用适宜方式得到想要的东西⋯⋯⋯⋯⋯⋯⋯⋯99
60. 帮助幼儿学会加入游戏⋯⋯⋯⋯⋯⋯⋯⋯⋯⋯⋯⋯⋯⋯⋯101
61. 帮助幼儿学会解决同伴间的问题⋯⋯⋯⋯⋯⋯⋯⋯⋯⋯⋯103
62. 帮助幼儿学会控制自己⋯⋯⋯⋯⋯⋯⋯⋯⋯⋯⋯⋯⋯⋯⋯105
63. 帮助幼儿学会放松⋯⋯⋯⋯⋯⋯⋯⋯⋯⋯⋯⋯⋯⋯⋯⋯⋯106
64. 帮助幼儿学会面对失望⋯⋯⋯⋯⋯⋯⋯⋯⋯⋯⋯⋯⋯⋯⋯108
65. 处理幼儿的告状⋯⋯⋯⋯⋯⋯⋯⋯⋯⋯⋯⋯⋯⋯⋯⋯⋯⋯109
66. 应对说脏话的幼儿⋯⋯⋯⋯⋯⋯⋯⋯⋯⋯⋯⋯⋯⋯⋯⋯⋯110
67. 应对撒谎的幼儿⋯⋯⋯⋯⋯⋯⋯⋯⋯⋯⋯⋯⋯⋯⋯⋯⋯⋯111
68. 应对偷东西的幼儿⋯⋯⋯⋯⋯⋯⋯⋯⋯⋯⋯⋯⋯⋯⋯⋯⋯112
69. 应对手淫的幼儿⋯⋯⋯⋯⋯⋯⋯⋯⋯⋯⋯⋯⋯⋯⋯⋯⋯⋯114
70. 召开班级会议来讨论班级问题⋯⋯⋯⋯⋯⋯⋯⋯⋯⋯⋯⋯115
71. 引导幼儿学会关心别人⋯⋯⋯⋯⋯⋯⋯⋯⋯⋯⋯⋯⋯⋯⋯116
72. 教幼儿学会无私⋯⋯⋯⋯⋯⋯⋯⋯⋯⋯⋯⋯⋯⋯⋯⋯⋯⋯118

73．避免使用否定性语言："不，不要，停"……………………119
74．实践案例：塔玛拉的故事…………………………………121

第6章 与家长的伙伴关系……………………………………125
75．尊重差异……………………………………………………126
76．养育风格……………………………………………………127
77．合作关系……………………………………………………129
78．与家长沟通…………………………………………………130
79．倾听…………………………………………………………132
80．使用"我"的句式…………………………………………133
81．家长会………………………………………………………135
82．电话交流……………………………………………………136
83．书面沟通……………………………………………………137
84．将学习延伸到家庭…………………………………………139
85．家长志愿者…………………………………………………141
86．应对家长的愤怒情绪………………………………………142
87．过度保护的家庭……………………………………………144
88．面对拒绝……………………………………………………146
89．应对滥用药物的家庭………………………………………147
90．家庭授权……………………………………………………149
91．实践案例：珊蒂的故事……………………………………151

第二篇 /153

第7章 分析问题行为…………………………………………155
92．幼儿生活中的事件…………………………………………156
93．导火索………………………………………………………157
94．明确指出行为………………………………………………159
95．行为的结果…………………………………………………161
96．幼儿要达到的目的…………………………………………162

97．幼儿的基本需要⋯⋯⋯⋯⋯⋯⋯⋯⋯⋯⋯⋯⋯⋯⋯⋯⋯⋯⋯⋯164
　　98．吸引注意的行为⋯⋯⋯⋯⋯⋯⋯⋯⋯⋯⋯⋯⋯⋯⋯⋯⋯⋯⋯⋯165
　　99．回避行为⋯⋯⋯⋯⋯⋯⋯⋯⋯⋯⋯⋯⋯⋯⋯⋯⋯⋯⋯⋯⋯⋯⋯167
　　100．控制的需要⋯⋯⋯⋯⋯⋯⋯⋯⋯⋯⋯⋯⋯⋯⋯⋯⋯⋯⋯⋯⋯168
　　101．分享玩具和设施⋯⋯⋯⋯⋯⋯⋯⋯⋯⋯⋯⋯⋯⋯⋯⋯⋯⋯⋯170
　　102．感觉刺激⋯⋯⋯⋯⋯⋯⋯⋯⋯⋯⋯⋯⋯⋯⋯⋯⋯⋯⋯⋯⋯⋯172
　　103．感觉回避⋯⋯⋯⋯⋯⋯⋯⋯⋯⋯⋯⋯⋯⋯⋯⋯⋯⋯⋯⋯⋯⋯173
　　104．与他人互动⋯⋯⋯⋯⋯⋯⋯⋯⋯⋯⋯⋯⋯⋯⋯⋯⋯⋯⋯⋯⋯175
　　105．困难的时刻⋯⋯⋯⋯⋯⋯⋯⋯⋯⋯⋯⋯⋯⋯⋯⋯⋯⋯⋯⋯⋯176
　　106．艰难的过渡环节⋯⋯⋯⋯⋯⋯⋯⋯⋯⋯⋯⋯⋯⋯⋯⋯⋯⋯⋯178
　　107．困难的情况、地点和事情⋯⋯⋯⋯⋯⋯⋯⋯⋯⋯⋯⋯⋯⋯⋯180
　　108．问题行为的调查问卷⋯⋯⋯⋯⋯⋯⋯⋯⋯⋯⋯⋯⋯⋯⋯⋯⋯182
　　109．班级行为表⋯⋯⋯⋯⋯⋯⋯⋯⋯⋯⋯⋯⋯⋯⋯⋯⋯⋯⋯⋯⋯184
　　110．实践案例：布兰达的故事⋯⋯⋯⋯⋯⋯⋯⋯⋯⋯⋯⋯⋯⋯⋯186
第8章　教会使用其他行为方式⋯⋯⋯⋯⋯⋯⋯⋯⋯⋯⋯⋯⋯⋯⋯⋯189
　　111．理解问题⋯⋯⋯⋯⋯⋯⋯⋯⋯⋯⋯⋯⋯⋯⋯⋯⋯⋯⋯⋯⋯⋯190
　　112．公平配对规则⋯⋯⋯⋯⋯⋯⋯⋯⋯⋯⋯⋯⋯⋯⋯⋯⋯⋯⋯⋯191
　　113．选择沟通方法⋯⋯⋯⋯⋯⋯⋯⋯⋯⋯⋯⋯⋯⋯⋯⋯⋯⋯⋯⋯193
　　114．选择社会技能⋯⋯⋯⋯⋯⋯⋯⋯⋯⋯⋯⋯⋯⋯⋯⋯⋯⋯⋯⋯194
　　115．学习社会性技能的基本原则⋯⋯⋯⋯⋯⋯⋯⋯⋯⋯⋯⋯⋯⋯195
　　116．例子：学习开展游戏⋯⋯⋯⋯⋯⋯⋯⋯⋯⋯⋯⋯⋯⋯⋯⋯⋯197
　　117．例子：学习轮流⋯⋯⋯⋯⋯⋯⋯⋯⋯⋯⋯⋯⋯⋯⋯⋯⋯⋯⋯200
　　118．例子：学习分享⋯⋯⋯⋯⋯⋯⋯⋯⋯⋯⋯⋯⋯⋯⋯⋯⋯⋯⋯202
　　119．例子：学习在圆圈活动时间坐下来⋯⋯⋯⋯⋯⋯⋯⋯⋯⋯⋯205
　　120．例子：学习排队等候⋯⋯⋯⋯⋯⋯⋯⋯⋯⋯⋯⋯⋯⋯⋯⋯⋯207
　　121．例子：学习控制愤怒⋯⋯⋯⋯⋯⋯⋯⋯⋯⋯⋯⋯⋯⋯⋯⋯⋯210
　　122．向海龟学习⋯⋯⋯⋯⋯⋯⋯⋯⋯⋯⋯⋯⋯⋯⋯⋯⋯⋯⋯⋯⋯213
　　123．充分利用让幼儿分心的物品⋯⋯⋯⋯⋯⋯⋯⋯⋯⋯⋯⋯⋯⋯214

124. 正确使用"计时隔离"……216
125. 用整个身体倾听……217
126. 合作活动……219
127. 热身活动……220
128. 奶奶的规则……222
129. 延迟暗示……223
130. 帮助朋友……225
131. 寻求家长的帮助……226
132. 有关社会性技能的故事和文学作品……228
133. 实践案例：比利的故事……229

第9章 沟通技巧……233

134. 沟通和行为：动态的二重唱……234
135. 教幼儿社会性沟通的基本原则……235
136. 为情绪贴标签……237
137. 表达情绪……238
138. 引起注意……240
139. 寻求帮助……241
140. 请求许可……244
141. 要求玩具……246
142. 邀请朋友一起游戏……249
143. 要求一个可选择的活动……251
144. 非语言的沟通……253
145. 声调……254
146. 面部表情……256
147. 身体语言……257
148. 语言符号和手势……258
149. 交流增加接纳……259
150. 实践案例：奥利弗的故事……261

第一篇

第1章

成功的幼儿教师

坎贝尔老师步履轻盈地穿过大厅朝她的教室走去。"早上好！"她微笑着跟同事打招呼。她几乎是跳进教室的，这个教室她花了一星期的时间来布置，以迎接新的4岁班的幼儿。然后，她面带微笑放下为幼儿们买的新书。

"我准备好了！"她喊道。

为什么有的幼儿教师能在工作中寻找到更多的幸福感，有的幼儿教师满怀迫切的心情迎接自己班的幼儿，而另外一些教师则害怕上班，不相信自己会成为一名成功的幼儿教师呢？这些问题很复杂，但接下来的内容也许会给出答案。

1. 成功的幼儿教师的人格特质

问题

为什么有的幼儿教师在班级管理上很成功？踏进教室时，是什么特质让成功的幼儿教师与其他幼儿教师不同？要营造一个师幼相互关爱的班级环境，哪些个人特质是幼儿教师必须具备的？

概述

乐观的幼儿教师能培养出乐观的幼儿，乐观的幼儿总能在教室中寻找到自己喜欢的活动。引导幼儿学习的幼儿教师能得到积极的回馈，如幼儿能学到有价值的技能和概念。

目标

描述成功的幼儿教师应具备哪些人格特质，并提供适宜的班级管理案例，以便让幼儿体验到成功和快乐。

技巧

成功的幼儿教师具备以下这些特质：
◆ 了解幼儿发展的特点和规律。
◆ 有耐心。
◆ 和蔼可亲。
◆ 了解幼儿的各种"发展里程碑"。
◆ 当幼儿需要帮助时乐于提供帮忙。
◆ 会花些必要的时间向幼儿解释常规。
◆ 能与幼儿家长进行良好的沟通。

- ◆ 自信且做事井井有条。
- ◆ 能为幼儿设计有趣的活动。
- ◆ 风趣可爱。
- ◆ 愿意跟幼儿在一起。
- ◆ 热爱学习。
- ◆ 理解幼儿身体和情感发展的局限。
- ◆ 身体灵活,并会根据幼儿的身体发展水平组织活动。
- ◆ 明白幼儿教师工作的艰辛。

 有效班级管理的要点

- ◆ 班级管理是一个持续的过程,不能一蹴而就,教师需要有耐心。
- ◆ 只有有自信、有关爱之心的幼儿教师才能给予幼儿有效的指导,且这种指导能让幼儿终身受益。
- ◆ 有的幼儿比别的幼儿更具挑战性,教师了解幼儿发展的有关知识可以更加有效地来应对这类幼儿。
- ◆ 教师和幼儿都会有心情不好的时候。教师的良好示范将会对幼儿表达消极情绪有所帮助。

2. 表达对幼儿的尊重

 问题

教师在班级中对幼儿做出否定性评价,斥责或讽刺幼儿都是对他们不尊重的表现。

 **概述**

幼儿同样需要成人对他们的尊重。如果你和幼儿的关系是积极的,

并且能对他们在班级中所做的努力和贡献表示尊重，那么幼儿的主动性将会得到发展，并最终会帮助他们形成"我能行"的生活态度。

目标

培养尊重幼儿的师幼关系。

技巧

"你想看我变成一只难看的大灰熊吗？"一天，一位教师竟这样问她班上的一个4岁小男孩。这位教师提出这个问题，目的是想让这个幼儿感到害怕。但是这却是不尊重幼儿的一种表现。

"给我马上停下来！"教师这样说话同样是不尊重幼儿的表现。仅仅告诉幼儿不能做什么无法让他们学会适宜的行为。幼儿需要教师花些时间向他们解释，他们的哪些行为是不适宜的，以及怎样做才是适宜的。

幼儿希望教师在评价他们的时候更看重他们是谁，而不是他们做了什么。向幼儿表现出关心是一种尊重他们的暗示；责骂他们则会降低他们的自尊感，会让他们觉得教师不喜欢他们。在幼儿学习社会交往技巧时，关注幼儿的个体需要和个性特征有助于教师和幼儿建立积极的情感关系。

有效班级管理的要点

◆ 幼儿是在与他们生活中的重要他人（父母、兄弟姐妹、教师、邻居等）进行互动的过程中形成社会价值观的。

◆ 只有当幼儿得到尊重时，他们才能学会过一种民主的生活并对社会做出贡献。

3. 时刻关注幼儿的需要

 问题

幼儿有各种各样的需要：生理的、情感的、社会的、认知的和创造的。当这些需要得不到满足时，幼儿会表现得躁动不安，让人难以忍受，尤其是在幼儿园集体活动中。

 概述

有时幼儿很难安静地、专心地参加教师组织的活动，这就说明教师组织的活动没有满足幼儿当下的发展需求。此外，帮助幼儿学会与他人友好相处，帮助他们学会以恰当的方式与他人进行互动，可为他们将来的学业成功打下基础。

 目标

只有满足幼儿的需要，才能让他们在班级中表现出适宜的行为，才能有效地促进他们的学习。

 技巧

幼儿和成人一样有各种需要：生理的、情感的、认知的、社会的。只有这些需要得到满足，个体才能健康成长。但是幼儿对自身有哪些需要并不是很了解，因此，他们在活动中需要有更多自由选择的机会。那么，教师如何在班级活动中满足幼儿的各种需要呢？可以参考以下原则：

◆ 在教室里为幼儿设置多种活动区域(请参照第 3 章"环境创设问题")。
◆ 在日常作息时间表中，为幼儿安排充足的游戏时间。
◆ 为幼儿留出独自活动的时间。

- ◆ 鼓励幼儿参加小组活动。
- ◆ 明白幼儿不能长时间安静地坐着。
- ◆ 为幼儿提供表现创造力的材料。
- ◆ 为幼儿提供私人的空间。
- ◆ 组织幼儿进行室内和户外游戏。
- ◆ 记得幼儿在幼儿园一日生活中需要饮水、进餐。
- ◆ 在日常作息时间表中,为幼儿安排休息的时间。

有效班级管理的要点

- ◆ 不要为幼儿设立无法达到的行为目标。经常检查订立的规则,允许幼儿自己做决定。
- ◆ 幼儿在处理交往问题方面是个新手——花些时间教他们通过协商的办法得到自己想要的东西。
- ◆ 幼儿在和他人进行互动时,教师要不断提醒他们遵守班级常规、注意他们自己的行为。

4. 理解文化差异

问题

人们的价值观因人们在成长过程中接受的文化和教育的不同而不同。不同的价值观对幼儿在集体活动中的参与性和能力发展怀有不同的期望。

概述

例如,如果你是在以西班牙文化为主流文化的地区做教师,却不了解西班牙文化,那么你与家长期望幼儿学到的东西或者获得的关键经验可能会有所不同。意识到文化差异将会提高你与家长沟通的能力,也有助于你为幼儿设计更适切的教育活动。教师理解幼儿的文化背景能为积极的家园互动奠定基础。

 **目标**

当幼儿意识到自己的家庭文化在幼儿园受到尊重时，他们会感到很舒服。

 **技巧**

无论何种文化背景，教师对幼儿的理解能提高他们学习的积极性，能为他们提供有意义的、和他们的生活相关的教育经验。以下是给教师的几点建议：

◆ 密切联系幼儿的家长，了解幼儿家中发生的事。
◆ 了解并与幼儿讨论他们所知道的、所参与的节日庆祝活动或社区活动。
◆ 邀请幼儿家长和社区领导参与幼儿园的一些重要活动。
◆ 收集代表幼儿所处文化的手工艺品并展示出来。
◆ 唱与幼儿文化背景有关的歌曲、玩有关的游戏。
◆ 展示不同文化的图片，不仅仅局限于自己班上幼儿所代表的文化。
◆ 如果幼儿讲其他语言，学一些关键的词汇，在幼儿第一天来园时可以跟他们说说。
◆ 此外，学一些词汇或短语也有助于理解幼儿的生理需要(如上厕所、吃饭、喝水等)。
◆ 与园长商讨以幼儿园的名义组织一些活动，让家长参与进来。

有效班级管理的要点

◆ 有些家长可能不信任幼儿园，尚未意识到参与幼儿园生活的重要性，你可以在幼儿园领导的支持和帮助下，主动与幼儿家长建立联系。

5. 引导幼儿从错误中学习

问题

富兰克林突然号啕大哭，吓坏了老师和小伙伴，老师以为他受了严重的伤，后来发现他哭是因为把颜料洒到了地板上。

概述

幼儿时不时地会犯错，教师以积极的方式回应能让他们学会以乐观的态度面对意外和事故。

目标

帮助幼儿意识到"犯错"是生活的一部分，会减少他们的自责和无助感。

技巧

"人非圣贤，孰能无过？"幼儿应当在人生早期就拥有这样的观念。正确看待生命中的错误比看待成功更重要。当幼儿犯错时，教师可以参考以下建议：

- ◆ 当幼儿扔东西或打烂东西时，保持冷静。
- ◆ 幼儿受伤或弄伤别人时，表现出关心。
- ◆ 如果幼儿很小，帮他们打扫干净。
- ◆ 给大一些的幼儿自己收拾干净的机会。
- ◆ 用积极的话回应幼儿，比如，"没关系，富兰克林，谁都会犯错"，或者"我们来把它打扫干净，别人就不会碰到这些颜料了！"。
- ◆ 号召其他幼儿一起收拾残局，这样可以让幼儿学会帮助别人。

- 以身作则，也用积极的态度面对你的错误，比如，"哦，我错了，让我来弥补吧！"这样的话有助于让幼儿理解"错误是生活的一部分"。

有效班级管理的要点

- 积极看待自己的过失、对错误负责、改正错误，是幼儿应学习的适宜行为。

6. 教导幼儿适宜的行为

问题

切斯特老师发现一群幼儿在玩"娃娃家"游戏，她听到玛丽莎对其他幼儿大喊大叫："停下来！你有大麻烦了！我要踢你的屁股！"

概述

幼儿通过观察和模仿成人学习社会交往、与他人建立联系，教师可以通过身教让幼儿学会适宜的社交行为。

目标

通过持续的教导营造和谐的班级氛围。

技巧

成功的教师会在班级中向幼儿示范下列行为：

- 对他人表示友好。
- 当有小朋友受伤、难过时，表示同情。
- 如果想要某样东西，可以提出要求但不能直接拿或抢。

- ◆ 向客人或来访者打招呼。
- ◆ 向新来的小朋友介绍班级常规和教室的布局。
- ◆ 轮流使用盥洗室和教室设施，在操场上轮流玩。
- ◆ 在地板上坐时，要把腿盘起来。
- ◆ 与其他小朋友站成一排或一组。
- ◆ 加入表演区时，不打扰正在游戏的小朋友。
- ◆ 午餐时和午餐后要洗手、擦手。
- ◆ 离开某个地方之前整理一下，比如离开活动区。
- ◆ 如何丢垃圾。
- ◆ 如何拿铅笔、记号笔和蜡笔。
- ◆ 为离园做好准备。

幼儿想与他人进行良好的社会互动，因此教师要向他们示范怎样做、怎样游戏才会在教室里成功地与他人交往。教低龄幼儿时，请注意他们也许尚未萌发"良好行为"的意识。

如果你所在的班级中有个别幼儿无法理解集体活动中设定的规则，可以对他进行个别教育：把他单独叫到一边，向他解释大家期望的行为是什么样的，这样做对他习得社会认可的行为方式是很有必要的。

 有效班级管理的要点

- ◆ 教师的适时介入有助于幼儿学会新行为，但是这需要教师花些时间、耐心和毅力。
- ◆ 随着幼儿的成长发育，他们逐渐了解了社会期待。通常，人们对3岁幼儿和已入园幼儿的期待不同，因此，教师要调整自己的教育方式和身教方法，以满足幼儿的需要。

7. 培养幼儿的个性

问题

幼儿在不断地学习控制自己的情绪。作为教师,我们应当时刻支持、引导他们。

概述

要想让幼儿学会独立、学会处理问题,成人要不断地给予他们指导。当幼儿宣泄不良情绪时,教师需要给他们温暖的拥抱和细心的安抚。

目标

帮助幼儿明白我们每个人都面对各种各样的问题,有些问题可以得到解决(有解决的希望),有些情况我们必须学会接受。

技巧

当幼儿遇到困难时:

- ◆ 他们受伤了——温柔地表示关心、呵护,用急救方法帮助他们处理擦伤、抓伤等。
- ◆ 他们感到困惑——抱着他们,温柔地与他们交谈,帮助他们辨别痛苦的来源,并为他们提供解决困难的办法。
- ◆ 他们感到恐惧——安抚并与他们交谈以减轻他们的恐惧(现实的或想象的)。
- ◆ 他们被欺负了——首先表示出同情并查看他们是否受伤,然后和欺负他们的幼儿谈心,指出受伤害的幼儿的感受,向他反复强调要关爱他人。如果幼儿总是欺负他人,你可能就要对他采取强硬措施了。

- 他们的家人争吵不休——当家中出现问题时，幼儿的反应各不相同：有的幼儿会变得富有攻击性，有的幼儿会拒绝参加日常活动。一般来说，帮助这类幼儿的最好办法是和其家长沟通。如果你能理解幼儿面对的问题，接近幼儿就变得很容易了。
- 他们家中有亲人过世——幼儿在9岁之前，是很难理解死亡的。如果幼儿的父母有一方去世，让他接受这个事实需要一段时间，有时甚至需要专业人士的帮助。你应该以一种简单易懂的方式和他谈谈死亡是怎么回事，帮助他度过悲伤期。
- 他们经历分离焦虑——当他们的父母离开时，告诉他们爸爸妈妈会回来的（如果可能的话，告诉他们一个具体的时间，如午睡后）。可以鼓励他们参加一些活动，比如，给爸爸（妈妈）画一幅画，或者给他们写一封信，以缓解幼儿的焦虑情绪。

有效班级管理的要点

- 帮助幼儿现实地看待问题。并不是所有的问题都能轻而易举地得到解决。有时候，最后的解决方式可能是给幼儿提供一些其他的活动让他们参与。

8. 认识幼儿的不适宜行为

问题

你认为不适宜的行为在其他教师看来可能是适宜的。

概述

幼儿的不适宜行为受到很多因素的影响：

- ◆ 行为发生的特定背景。
- ◆ 幼儿在一天（或一周）中的行为表现。
- ◆ 师幼关系。
- ◆ 班级中正在发生的某些事件。
- ◆ 教师在当天班级中的感受。

目标

辨别幼儿成长发展的里程碑，以便用最好的办法处理班级中幼儿出现的问题。

技巧

教师的价值观影响着对幼儿适宜行为和不适宜行为的认识。例如，幼儿在班级中公开手淫会令某些教师感到厌恶，而另外一些教师可能会将其理解为幼儿成长和发展过程中的普通事。参加研讨会、阅读关于儿童发展的书籍或期刊很有必要，这能帮助教师辨别哪些行为对班级中该年龄段的幼儿而言是适宜的。

幼儿需要教师做出简单的解释，教会他们哪些行为是"适宜的"、哪些行为是"不适宜的"。当幼儿在幼儿园说脏话时，跟他们说"在教室里这样说不合适"，给他们一个不说脏话的理由。告诉他们该说什么词，帮助他们学会用恰当的词语来代替。

此外，幼儿的行为是否适宜还取决于他们的年龄。3岁幼儿情绪化的大哭是正常的，而对7岁幼儿来说则不正常。不管是哪种，教师都应当调查幼儿哭的原因，告诉他们说话比哭叫更管用。查明原因后，教师可以有多种选择帮助幼儿解决问题。

有效班级管理的要点

- ◆ 在判定幼儿的哪些行为是适宜的之前，教师要回顾幼儿在班级中的整个发展和互动过程。例如，3岁幼儿手淫可能是在进行自我探索，而6岁幼儿这样做可能是家庭出现了问题或社会性情感的发展推迟了。

◆ 幼儿需要成人将他们视为本性善良的人并无条件地接受他们。

9. 积极应对情感强烈的幼儿

 问题

"我恨你！"一个幼儿尖叫着打他的老师。他这种发脾气的行为对教师来说司空见惯。他经常通过伤害或弄疼他人来表达或宣泄自己激烈的情绪。

 概述

幼儿有自己的感受，他们会观察各种情况。当幼儿对着大人尖叫或哭闹时，他们是在用这种方式试图引起大人的注意，而不在乎这种注意是批评还是表扬。教会幼儿用适宜的行为方式面对那些令自己愤怒的情境，这对幼儿的健康成长很重要。经过一段时间后，幼儿能逐渐学会用适宜的方式表达自己的不满，学会用适宜的方式解决遇到的问题。

 目标

向幼儿示范用积极的方式表达自己的不良情绪。

 **技巧**

你对各种情况的积极反应能教会愤怒的幼儿控制情绪。尽管积极的回应示范起来很难，但这对帮助幼儿学会控制情绪很有必要。如果幼儿失控了，你可以参考下面的步骤：

（1）把幼儿带走，离开让他感到受挫的情境。

(2) 尽快让幼儿平静下来。有时可以允许幼儿踢打东西或者尖叫以平复情绪。

(3) 跟他谈论这种行为带来的糟糕后果。例如,"你的小伙伴可不想在幼儿园里看到你这样"或者"谁都会生气,但把你的不满说出来比伤害自己和小伙伴更有用",这样能帮助幼儿站在他人的角度看待自己的行为。

(4) 在幼儿冷静下来后,告诉他恰当地表达愤怒的方式。你可以跟他说:"我不知道你为什么生气,告诉我你在气什么,我才能帮你找到解决问题的办法!"

(5) 帮助幼儿重新回到教室中,让他明白,遇到困难时教师可以帮助他。

(6) 继续观察幼儿。当他的行为表现很积极时,要鼓励他,要在班级活动中表扬他的积极行为。

有效班级管理的要点

◆ 避免幼儿重复消极的行为需要教师付出时间、耐心和持续的支持。在教师的指导下,幼儿才能逐渐停止消极行为并学会原谅他人。

10. 对班级管理保持积极的态度

问题

工作多年后,有些教师可能会失去和幼儿在一起的乐趣和纯真。他们也许会为幼儿的不适宜行为所扰,认为幼儿是在报复他们,他们与幼儿的关系会变差(有时和同事的关系也变差了)。

概述

每天都与幼儿打交道是一项有挑战性的工作,很辛苦,往往还不一定得到幼儿家长的认可。你可能会失去耐心,负面情绪和态度不断叠加,积极的态度消失了。

目标

帮助自己度过情绪消极的阶段。如果消极倦怠情绪一直存在,你也许需要重新评估自己是否适合从事这个职业了。

技巧

经常抱怨意味着你开始对班级管理工作感到倦怠了。如果你经常抱怨幼儿(或家长),那么你需要休息、放松一下。远离幼儿,哪怕只是一会儿,将很有好处。试试用下面这些"情绪调节法"来重新激发自己的斗志:

- ◆ 去健身房健身。
- ◆ 拜访老朋友。
- ◆ 如果有必要,给自己放一天假(我们称之为"精神健康日")。
- ◆ 给许久不联系的朋友打个电话。
- ◆ 读一本振奋人心的书(有时关于心理方面的书也有帮助)。
- ◆ 买一些新衣服,价格不是十分昂贵的新装、首饰也许是你所需要的。
- ◆ 如果负面情绪或倦怠感持续存在,考虑向心理医生寻求专业的帮助。

在教室里工作时,下面的小贴士能帮助你积极地看待人生:

- ◆ 数数你得到的祝福,大概有16个那么多!
- ◆ 设计班级活动会把你和幼儿的情感联系在一起,从平常的经历中得到快乐比尝试新经历更有效。
- ◆ 和幼儿谈论各种消极情绪,告诉他们每个人都有感到消极失落的时候。和他们一起想办法变得积极,试着采纳幼儿提出的建议。

◆ 牢记：在教育工作中建立积极的师幼关系是非常重要的，把关注的焦点放在幼儿身上，而不是关注幼儿应该知道什么或达到什么目标。

有效班级管理的要点

◆ 教师行为和应对技巧会影响幼儿。幼儿需要积极的示范，从而学会发现生活的价值。

11．悦纳幼儿

 问题

你有种独特的天赋，为你提供能量、体力、毅力，使你成为教师中的领导者，然而，你却感到缺少了点什么。

 概述

教育过程由两部分内容组成：指导幼儿和悦纳幼儿。如果教师享受自己所做的事，那么幼儿会是受益者。

 目标

提醒教师：良好的师幼关系对幼儿的学习起着至关重要的作用。

 技巧

"悦纳幼儿"将有利于建立良好的师幼关系，防止你精疲力尽。试试下面这些帮助你和幼儿建立良好关系的办法：

◆ 了解幼儿的家庭。
◆ 了解幼儿及其家人在园外做什么游戏活动。

- ◆ 记住幼儿的生日。
- ◆ 庆祝幼儿兄弟姐妹的生日。
- ◆ 每天早晨来园时向幼儿问好。
- ◆ 在教室中张贴幼儿的"全家福"照片。
- ◆ 让幼儿把自己的作品带回家给其家长或监护人看。
- ◆ 邀请幼儿家长成为幼儿园生活的一部分。
- ◆ 告诉幼儿家长晚上的生活作息应有规律。
- ◆ 尽可能对幼儿笑。

有效班级管理的要点

- ◆ 做一名成功幼儿教师的关键是享受与幼儿在一起的每一时刻,悦纳幼儿。

12. 激发幼儿学习的热情

问题

当幼儿对常规的学习活动感到厌倦或不感兴趣时,教师需要提供些新东西来吸引他们。对工作有热情的教师能点燃幼儿学习的火花,引发幼儿对新知识的学习。

概述

如果教室里的材料、书籍、设施总是一成不变,教室对幼儿来说就会变得枯燥无趣。不过,也不需要进行大规模的调整,因为幼儿喜欢熟悉的事物和常规。激发幼儿学习的热情意味着你能区分什么样的改变能给幼儿的学习增加趣味,什么样的改变会带来混乱。

目标

通过多种方式激发幼儿对班级活动的兴趣,包括:演示使用活动材料和设施的新方法;使幼儿对新经验和新知识表现出兴趣。

技巧

怎样调动幼儿参与班级活动的热情?你可以试试下面这些建议:

- ◆ 增加新玩具或对幼儿有挑战性的新拼图。
- ◆ 设立一块公告板鼓励幼儿把自己的美术作品贴上去。
- ◆ 开展与季节相关的户外活动,如秋天让幼儿在操场上收集松子、叶子等。
- ◆ 伴随新的主题或季节变化调整阅读区的图书。
- ◆ 在教室里饲养一只宠物。
- ◆ 介绍一盘能让幼儿自发开展运动的碟片。
- ◆ 邀请幼儿家长或其他专业人士到班级中和幼儿交流,分享他们的专业知识。
- ◆ 允许幼儿给其他班的幼儿朗诵儿歌或唱歌。
- ◆ 调查一下有哪些社区资源能为幼儿学习所用(例如,动物收容所可以提供宠物供幼儿饲养、观察;高中生可以提供一些收集品,或者带些书读给幼儿听)。
- ◆ 安排专门的一天邀请幼儿家长也来参加班级活动。
- ◆ 与其他班级合作开展活动,这对所有的幼儿都有好处(例如,让年长的幼儿给年幼的幼儿读书或者让他们做笔友)。
- ◆ 为学年末开家长会而对幼儿进行录音或录像。
- ◆ 带领幼儿到附近某个地方进行远足活动。

有效班级管理的要点

- ◆ 在先前的活动顺利开展后,教师可以为幼儿设计新的学习活动,尽管这需要教师花些想象力、付出大量的精力，但结果通常是喜人的。幼儿的欢声笑语和他们对班级活动的参与热情将是对你的最高回馈。

13. 保持生活的平衡

问题

无论从事何种职业，我们都需要过一种平衡健康的生活。教师比其他职业的从业人员更需要保持情绪的稳定，以便与幼儿建立积极的关系。

概述

教师和家长一样，都对幼儿的生活有极大影响。如果教师不注意自身情绪的稳定和心理健康，就会出现消极倦怠情绪。为自己留出些私人时间是每位教师都需要遵守的健康养生法则。

目标

保持生活平衡，为幼儿示范乐观、健康的心态，这能对幼儿产生积极的影响。

技巧

就目前的生活而言，教师要为自己找些私人时间很难，特别是如果教师已经成家或还承担着班级管理以外的工作，就更难了。忙于工作、家庭、会议，会使教师感到压力和焦虑，有时还会引发身体疾病或疼痛（如头疼、胃疼）。因此，学会平衡自己的生活能给教师带来幸福感。下面这些情绪问题需要教师自查：

◆ 我的家庭生活是否稳定和谐？

- 当我心情不好时,是否有几个好朋友可以谈心?
- 我是否能够正常地笑对生活、享受生活?
- 每天幼儿来园时,我是否做好了充分的准备?
- 当幼儿走进教室时,我微笑了吗?
- 教学时我是否和幼儿一样快乐?
- 我对幼儿的活动感兴趣吗?
- 在幼儿园的一日生活中,我是否给幼儿留出了和我谈心的时间?
- 当幼儿给我看他们的作品时,我是否表现出了兴趣?
- 当幼儿和我分享不愉快的经历时,我是否表示出了同情?
- 我是否和幼儿分享我的家庭生活?
- 我是否会花些时间扩展对专业知识的理解?
- 我锻炼身体有规律吗?
- 当需要时,我是否使用了减压技术(如深呼吸、伸展身体、对自己唱歌)?
- 我是否经常自省?
- 我是否知道自己需要一段时间离开幼儿?当需要时,我是否这样做了?

有效班级管理的要点

- 只需离开幼儿几分钟、深呼吸,教师就能消除难以忍受的压力,避免做出不适宜的行为。幼儿不想看到一个沮丧的教师。

14. 实践案例：琳达的故事

支持这个故事的原则

◆ 班级管理需要教师处理好个别幼儿的问题行为。
◆ 当一种办法不灵时，试试其他办法。
◆ 有些幼儿反应很快，有些幼儿反应较慢，需要更多时间。
◆ 处理幼儿的问题时，尽可能多地与其家长沟通。
◆ 教师分享自己的经历有利于幼儿理解他们遇到的问题。
◆ 当幼儿还不会用语言描述自身的需要和担心时，他们需要成人示范如何表达自己的情感。
◆ 幼儿园以外的专业帮助有时也是必要的。
◆ 耐心和幽默是成功的幼儿教师所必须具备的特质。

苏斯老师对琳达有些担心，因为她似乎不太适应幼儿园的生活。苏斯老师了解琳达的家庭，因为两年前她教过琳达的哥哥米尔特。那时候，琳达来过幼儿园几次，和妈妈、哥哥在一起的时候看上去很高兴。但现在每天早上来园时她都黏着妈妈，拒绝进入教室。但是，妈妈走的时候她并不哭，只是会烦躁一会儿，花很长时间决定玩什么，而且每天早晨都不参加圆圈活动。

苏斯老师用了下面的策略来解决琳达不开心的问题：

◆ 每天早晨琳达和妈妈来园时，苏斯老师都微笑着和琳达打招呼，并与她妈妈私下聊天，了解其家中是否发生了什么给琳达带来困扰的事。
◆ 苏斯老师会拉着琳达的手，直到她选择好参加什么活动。她还教琳达怎样说话来加入其他游戏小组，和其他小朋友一起游戏。

◆ 在圆圈活动开始之前，苏斯老师会先给琳达看看自己在这个时间的活动安排，让琳达了解活动的内容，引发琳达对活动的兴趣，进而引导她加入圆圈活动。

◆ 每天，苏斯老师都会花些时间问问琳达的哥哥米尔特的事情。

3个月之后，苏斯老师开始觉得琳达的行为表现具有社会性了，她开始交朋友了。杰明跟她住在同一个小区，他们成了好朋友。从幼儿园毕业时，琳达已经能自信地升入一年级了。

第 2 章

基本原则

开展班级工作，教师应明白基本的行为原则。良好的师幼互动建立在教师对幼儿行为的理解上。

成功的幼儿教师能意识到：

- 幼儿想要表现得很好。
- 幼儿希望被他人尊重和接受。
- 幼儿想取悦成人。
- 幼儿需要得到指导来学习别人接受的班级行为。
- 幼儿需要时间来发展自制力。
- 幼儿不希望教师（或父母）是完美的。
- 幼儿对他人温柔、友善的行为能做出回应。
- 幼儿最终能明白制订规则对整个群体有好处。
- 幼儿能从错误中学习。

15. 抓住幼儿表现好的时机

 **问题**

幼儿想要表现得让成人满意来吸引成人的注意，但有时他们发现不好的行为反而能得到成人更多的关注，于是，他们就会做出"捣蛋"等不适宜行为。

 **概述**

幼儿希望成人能发现并表扬自己的"好"行为。如果教师注意到幼儿积极的行为表现并加以肯定，那么幼儿会做出更多的积极行为。跟幼儿在一起，教师需要花些耐心和时间等待良好行为的出现并巩固成常规。

 目标

帮助幼儿学会在集体生活中自我管理、在社会性互动中有良好的行为表现。

 技巧

教师要时刻对自己和幼儿的关系保持清醒。当幼儿犯错时，你是否会斥责他们？积极的师幼互动能解决甚至避免许多班级问题的出现。以下建议供教师参考：

- ◆ 观察幼儿的行为，当幼儿做出你期望的行为时（如分享、轮流），积极地肯定他们。
- ◆ 认识到小组活动能让幼儿学会协商合作，许多时候，一句表扬就能让幼儿满足。
- ◆ 表扬幼儿要真诚，不要太情绪化。

- 谨慎使用表扬，特别是在学年初。当幼儿开始理解并记住班级规则时，教师不需要对他们进行过多的表扬，只要承认他们的行为是令人接受的即可。通常，幼儿需要的是教师表示鼓励的眼神、点头或微笑。
- 当幼儿出现不好的行为时，私下纠正他们。
- 幼儿能够学会自我控制，这需要你告诉他们怎样纠正行为，同时还要给他们大量的时间练习新的或不熟悉的社会技能。
- 偶尔忽略幼儿的不适宜行为（没有对任何人造成伤害）能让幼儿把精力放在更积极的行为上。

 有效班级管理的要点

- 即使是在状态最好的时候，如果幼儿累了、饿了或难过了，他们也可能会退步做出不适宜的行为。
- 有些幼儿需要花很长时间才能学会自我管理、学会独立。

16. 忽视幼儿的消极行为

 **问题**

有时幼儿表现出消极行为是为了引起教师的注意，哪怕得到的是教师的否定。如果幼儿一直以同样的方式表现出消极行为，他可能是想让教师给予惩罚，以带给自己"荣誉的勋章"给那些有攻击性的幼儿看。细心的教师应学会忽视幼儿的某些消极行为，等待他们值得赞扬的适宜行为出现。

 **概述**

从长远来看，表扬积极行为、忽视消极行为（没有给任何人造成伤

害)对幼儿有好处。否则,教师会陷入幼儿消极行为循环的模式中。例如,当幼儿发现教师对他们吊儿郎当的整理工作很生气时,他们会把教师这种情绪化的反应当成一种娱乐。为了让它再次出现,幼儿的整理工作会变得更加松散。

 目标

控制你的情绪,忽视幼儿的消极行为。只有这样,教师和幼儿之间才能保持积极的平衡状态。

 技巧

杉德森老师解决幼儿问题行为的办法是把那些有问题行为的幼儿带到办公室,她的同事几乎每天都能看见她穿梭于教室与大厅之间。她给幼儿做出的喜剧式评论也让同事们感到惊奇,如"这些是今天最捣蛋的幼儿"。而被惩罚的幼儿看上去却很享受,他们乐于轮流当"今天最捣蛋的幼儿"。最后,园长把杉德森老师叫到一边,问她是否知道自己在干什么。当她意识到是自己的行为造成了幼儿的问题行为时,她学会了忽视幼儿的消极行为(未伤害任何人),开始关注幼儿的积极行为。她班里的幼儿开始成为她口中的"好孩子"了!

有效班级管理的要点

◆ 忽视幼儿的消极行为只需花一两分钟的时间,却给了幼儿调控自身行为的机会。

◆ 如果忽视幼儿的不适宜行为并不能解决问题,教师可以私下与表现出不适宜行为的幼儿交谈,向他示范令人接受的行为。

17. 对事不对人

 **问题**

对事不对人在教师处理班级幼儿的问题行为时很重要,这个办法能成功地帮助幼儿改变问题行为。

 **概述**

幼儿对教师的评价很敏感,他们想被教师喜欢,犯错时会感到内疚。为了避免让幼儿产生负罪感,教师评价时应该针对行为,而不是幼儿本身,但必须对幼儿的某些行为进行纠正。

 目标

当幼儿犯错时,教师要让他们接受自己,而不是看低自己。

技巧

下面是教师评价幼儿的比较好的例子:

◆ "拉娜,今天听故事时你一直在讲话,我知道你忘记了听故事不能讲话的规定。明天不这样了,好吗?"

◆ "约什,我知道你有很多本领,力气也很大,但你踢小伙伴会给小伙伴和自己带来麻烦。我们来谈谈你该干点什么吧!"

◆ "可可,不能因为你不遵守规则就说你是个坏孩子,只能说你忘记了我们为什么要制订规则。规则能让大家有个和睦的班级,我来告诉你在积木区该怎么和别人一起玩。"

◆ "朱迪,你今天不舒服是吗?你看上去有点生气、不想和小伙伴待在一起。可以跟我说说你的感受吗?"

在上面这些例子中,教师都采取了对事不对人的态度。

 有效班级管理的要点

◆ 教师也是人,也难免会情绪失控。所以,如果你对幼儿发火了,要向他们道歉并告诉他们你错了。

18. 未雨绸缪

 **问题**

教师仔细考虑伴随每个指令而来的结果是非常重要的。比如,如果你说"让我们到外面去玩吧",幼儿可能马上就会涌向教室门口。虽然确实到户外活动时间了,但你应该计划一下怎样让幼儿做好准备陆续去操场。

 概述

你的首要责任是确保每个幼儿的安全,花些时间计划活动间的过渡环节以及幼儿入园和离园的交接工作是一日生活中的重要内容。

 目标

确保幼儿在幼儿园的生活是安全、有序的,因为幼儿并不清楚有哪些潜在的危险。

 **技巧**

下面的案例描述了教师是如何未雨绸缪确保幼儿安全有序地活动的:
◆ 莫特利老师班里的3岁幼儿是很难控制的,但她很享受跟他们在一起。在学年之初她就发现,当问幼儿"你们想再听一遍这个故

事吗",班里就会出现混乱局面,因为有的幼儿想听,有的幼儿不想听。于是,她解决了这个问题,直接说:"我们再读一遍这本故事书吧!"

◆ 拉里老师发现幼儿并未意识到幼儿园旁边的大街上车流量很大,尽管操场周围有栅栏,园门被锁着,但他还是担心会有幼儿溜到街上去。他和园长谈过,说最好能在幼儿户外游戏、来园离园时安排一位"安全监督员"。他还指出:家长很可能愿意当志愿者。

◆ 吉莉安老师想出了一种收午餐费的方法:她把写有幼儿名字的信封粘贴在教室门口的布告板上,当幼儿来园时,让他们把午餐费放入写有自己名字的信封中。随后,当幼儿在区角自由活动时,吉莉安老师就能在没有干扰的情况下数钱了。

◆ 婕安老师知道带幼儿去幼儿园图书馆是个挑战,因为要走很长一段路,她采取的解决办法是请图书管理员和配班教师在中途迎接幼儿,这样,她就可以回到教室对幼儿当天要参与的其他活动做出安排了。

有效班级管理的要点

◆ 在每学年开始之前,仔细检查教室里和操场上的潜在危险,在幼儿到来之前排除安全隐患。例如,搬走教室里破损的、坐上去可能坏掉的椅子,把粗心的工人丢下的碎玻璃拿走。

◆ 在班级生活中,给幼儿提出明确的指令,避免混乱的局面出现。

19. 采用民主生活的原则

问题

允许幼儿参与到班级管理中能让他们学会民主。

概述

教师有责任向幼儿介绍民主生活的原则，并通过亲自示范让幼儿掌握这些原则。

目标

教师通过示范向幼儿介绍民主生活的原则。

技巧

如何在班级管理中采用民主生活的原则呢？

◆ 尽可能允许幼儿自己做出选择（不要建议他们选什么）。
◆ 给幼儿参加小组、做出决定的自由。
◆ 告诉幼儿：与别人相处意味着什么。
◆ 将班级任务分配到每个幼儿身上，每周、每月可以轮换。
◆ 鼓励幼儿讨论怎样保持教室环境干净卫生。
◆ 把教室称为"另一个家"。
◆ 讨论每个幼儿对整个班级的贡献。
◆ 当有幼儿表现出不合作的行为时，私下提醒他遵守班级常规。
◆ 偶尔可以开展投票活动，让幼儿决定点心时间吃什么、喝什么。
◆ 鼓励幼儿设计班标或班徽，并且大家一起动手制作。

有效班级管理的要点

◆ 还可以让年龄大的幼儿了解社区、城市的运作，对照着政府的运作过程来制订班级常规、组织班级活动。

20．制订班级规则

 问题

园长经过弗雷泽老师的教室时，听见幼儿们发出很大的声音，园长瞥了一眼教室，发现幼儿们吵闹成一团。"我下午得跟弗雷泽谈谈了。他们班看起来没有任何规矩。"

 概述

有效的班级管理建立在制订班级规则的基础上。幼儿需要明白和理解规则。如果可能的话，要让他们参与到规则的制订中。教师应该把班级规则张贴在教室里，以便需要时能随时看到。有的幼儿园会制订统一的规则，全体幼儿都要遵守。

 目标

花些时间和幼儿讨论班级规则，要求幼儿记住和遵守规则，这样班级活动才会井井有条地开展，幼儿也才能表现出适宜的行为。

 **技巧**

从幼儿来园的第一天起，他们就应该知道什么行为是适宜的。教师应该就自己所期望的行为跟幼儿进行交流。简明、积极、清楚的规则是最好的。把它们写在纸上并张贴在教室里，让幼儿随时可以看到。

如果有可能，给幼儿参与制订规则的机会。为制订规则出一份力，能让幼儿牢记规则。当有幼儿破坏规则时，你可以说："记得在开学时，我们一起制订了规则，我们都同意在教室里不应该'大声喧哗'。你看到第四条了吗？它告诉我们'在教室里应轻声说话'。只有在户外游戏时，你才可以像刚才那样大声说话！"

下面是一些幼儿教师制订的班级规则：

（1）专心听老师讲课。

（2）专心听别人讲话。

（3）遵从教师的指导。

（4）在教室里应轻声说话。

（5）轻轻地走进教室。

（6）关爱同伴。

有效班级管理的要点

◆ 尽可能制订具体的规则以便幼儿能理解。跟四五岁的幼儿说"在大厅里走的时候管好小手"或者"在教室里不能碰撞别人"要比跟他们说"控制自己"更有效。

◆ 班级规则需要教师不断反复地讲给幼儿听，直到幼儿理解并掌握。

21. 向幼儿解释为什么需要规则

问题

教师需要向幼儿解释清楚为什么班级生活中要有规则，帮助幼儿意识到每个人都有责任建设"和睦的班级"。这是有效班级管理的必要组成部分。

 **概述**

幼儿应当理解班级生活是有规则的，也应该理解为什么这些规则是必要的。

 **目标**

帮助幼儿理解班级规则和规则存在的原因，让其"知其然，并知其所以然"。

 技巧

幼儿必须了解的重要班级规则有：
- 不光我，其他人也希望自己的愿望和需要能得到满足。
- 跟大家在一起时，我要学会轮流等候和分享。
- 有时，我需要学会等待。

一旦这些规则被制订和实施，幼儿就能逐渐变得自信，并能学会协商解决问题。

下面是教师向幼儿讲解班级规则的范例：
- "约什，我知道你很喜欢玩积木，但这里已经有4个人了，我可以帮你找其他活动玩一会儿，等有人离开积木区你再回来！"
- "黛波，排队的时候你挤进去推别人，别人会摔倒的。到队伍最后面排队是最安全的。"
- "哦，天呀，你在科特的画上涂涂画画，我知道科特为什么会不乐意了，用你自己的纸画吧！"
- "伯林老师和我讨论了我们两个班在操场上玩的问题，同意我们班在回教室前可以先玩。"

有效班级管理的要点

◆ 向幼儿解释规则存在的必要性是班级管理工作的一部分，能帮助幼儿学着像大人一样思考。向幼儿解释班级规则能帮助幼儿打破自我中心，同时有助于他们理解为什么城市、国家和国际社会需要法律。

22. 坚持规则

 问题

如果教师在执行班级规则时态度前后不一致，幼儿是能注意到的。班级规则应当公平、公正，对所有幼儿一视同仁。

 概述

几乎所有的幼儿都会试着挑战规则的底线。如果他们发现教师言行不一，他们的消极行为就会升级。

 目标

通过引导幼儿遵守规则帮助幼儿建立内在的控制力。

 技巧

在开学初，比尔发现如果他跟老师说头疼或者不舒服，他就会得到特别照顾被送回家。连续三天后，比尔的妈妈给老师写了一张字条暗示比尔没有生病，应该待在幼儿园里。

此后，当比尔再跟老师说身体不舒服时，老师把他送到保健室，而没有送回家。保健医生证实了比尔没有生病，并跟比尔的老师一起讨论比尔的问题。

之后,老师私下跟比尔谈他假装生病的事,告诉比尔希望他留在班级里跟小伙伴一起参加活动。比尔不再假装生病了,在老师耐心的指导下,比尔在幼儿园的一年生活都很成功。

 有效班级管理的要点

◆ 实施规则时,要对所有幼儿一视同仁。
◆ 有时候,特殊情况要特殊对待。例如,规定"不允许幼儿到操场的另一边,除非有游行队伍经过"。如果出现了特殊情况,当再次要求幼儿回到正常情况遵守班级、操场的规定时,需要让幼儿回顾一下规则。

23. 引导幼儿正视行为的后果

 问题

不管犯了什么错,幼儿应当知道错误行为会带来什么后果。教师通常会告诉幼儿如果继续那样做会出现什么后果。行为后果能让幼儿理解自我控制的必要性。

 概述

不遵守规则的幼儿需要接受不遵守规则带来的后果。否则,规则对他们就没有意义。

 **目标**

帮助幼儿在人生早期形成独立照顾自己和其所有物的能力。后果让幼儿了解到他们的所作所为对他们生活的影响。

技巧

看下面的范例：

- ◆ 老师把塔妮莎从"娃娃家"请出去了，因为她总是打人，老师随后跟塔妮莎谈了她打人的行为，允许她选择其他的活动。
- ◆ 杜威看上去在听老师讲故事，但他总是用手戳坐在他身边的小朋友，令其他小朋友分心，老师叫了他好几次，提醒他把注意力放在书上，但是杜威不听。最后老师让杜威坐在自己身边听故事，杜威的行为才有所好转。
- ◆ 杰罗姆不小心把图书馆的书撕掉一页，老师要求他在还书之前要把那页纸粘上。
- ◆ 扎克把球扔到了操场围栏外，碰巧一辆车经过把球轧瘪了。扎克的老师跟他谈了这样做的后果——球坏了谁也不能玩了，让他引以为戒，原谅了他这一次。
- ◆ 特丽莎在玩水的时候咬了小伙伴，照顾好被咬的幼儿后，老师跟特丽莎谈话，告诉她咬人会伤害小伙伴的，且当天不再允许特丽莎玩水。老师还给特丽莎和被咬幼儿的家长分别写了一张便条，告诉他们今天发生的事。第二周，特丽莎在玩水的时候又咬了人。这次，老师态度严肃地和特丽莎谈话，并且不让她再玩水了。随后，她又给特丽莎的家长写了一张便条告知这件事，并且要求见一见特丽莎的家长。

有效班级管理的要点

- ◆ 教师需要向幼儿解释他们的不适宜行为带来的不良后果，因为有的幼儿意识不到某些行为会带来不良后果。教师要告诉他们什么是消极行为，什么是积极行为。

24. 表扬"好"行为

 **问题**

当幼儿表现出积极行为时,教师需要指出来。当家长和教师看到并表扬幼儿的积极行为时,他们也在支持自己的价值观。教师应当在教室里寻找期待的行为并支持幼儿为此付出努力。

 概述

在学年初,表扬幼儿有助于跟幼儿沟通什么样的行为是教师期待的行为。最终,幼儿会变得自律,到那时就不需要太多的表扬来进行管理了。

 目标

让幼儿了解在教室里时他们的行为限制和做事界限,有助于让幼儿产生安全感。花些时间表扬幼儿的积极行为能传递班级的价值观和教师对幼儿的期待。

技巧

表扬幼儿的积极行为的例子包括:

- 凯莉哭了,哈基姆走过去抱了抱她,苏尔老师表扬哈基姆:"你在安慰小伙伴,真棒!我相信她感觉好多了!"
- 在圆圈活动时间,玛莎在发言之前举手了,她并不经常这样做。老师表扬她说:"真棒,玛莎,我看到了,你记住举手了!"
- 马丁老师俯身对卡丽悄悄地说:"卡丽,我们离开操场后你走路时的脚步真轻,真不错!"听了老师的表扬,卡丽咧开嘴笑了。
- 道尔老师举起幼儿们喜欢的纸偶问:"你们知道今天麦克葛丽老师

跟我说什么了吗？她说，你们是幼儿园里最好的孩子，特别是你们走进咖啡厅的时候，你们说是不是呀？"

有效班级管理的要点

◆ 表扬运用得不好会让没得到表扬的幼儿说："老师，看我，我现在安静了！看我！我不说话了！"为了不伤害幼儿的感情、引发冲突，表扬应该慎用，如果要表扬，应该由衷地表扬。

25. 帮助幼儿理解意外情况

问题

午饭时，玛丽莎把番茄酱洒在身上了，她哭了起来。老师走到她身边安慰她，可她还是很伤心。

概述

幼儿对伤心事的回应方式将影响他们今后一生面对挫折的态度。有时，幼儿遇到失控的事情，会感到被失望和悲伤包围。帮助幼儿理解和处理真实生活（生活的起伏和波折）能减轻他们的痛苦，帮助他们获得面对挫折的技巧，对他们以后的生活将大有帮助。

目标

幼儿遇到挫折时，教师应向他们表示同情，安慰他们，帮助他们形成积极的人生态度。不能让幼儿沉浸在痛苦和失望中。

技巧

老师把玛丽莎拉到身边对她说："玛丽莎，你肯定很难过，跟我说说吧！"老师了解了问题所在，就跟她解释只要洗一洗，衣服就会像新的一样了，并且提出他们俩一起去用冷水把污渍洗掉。后来，老师告诉玛丽莎：谁也看不出来裙子上粘过番茄酱。

你应当帮助幼儿控制情绪。很明显，玛丽莎非常在意衣着整洁，但她也应该明白衣服不可能永远一尘不染。通常来说，遇到的问题是有解决办法的，但是，在有些情况下，幼儿不得不接受现实。

幼儿可能面对的挫折有：

◆ 玩具或个人物品坏了。

◆ 把纸弄乱或把书弄丢了。

◆ 衣服不见了。

◆ 宠物丢了。

◆ 班级宠物死了。

◆ 同伴死亡。

◆ 家庭成员过世。

◆ 朋友或父母不信守诺言。

◆ 错过了巴士或上幼儿园迟到了。

有效班级管理的要点

◆ 当幼儿遇到难以应对的困难时，为他们寻求班级以外的专业帮助是必要的。

26．善用暗示信号

 问题

傅蕾萨老师按了三次电灯开关，幼儿停下活动等待老师的指示。这个动作是学年初与幼儿约定的，它是要幼儿注意，老师有重要的事情要宣布。

概述

在班级中为幼儿设立一系列暗示信号是很有必要的，比如通知、常规、简短的讨论。有的教师甚至对个别幼儿有专门的暗示信号，以便提醒幼儿的行为。

目标

设定暗示信号，使幼儿注意。当某个幼儿需要无声的提醒时，这些信号会有帮助。

技巧

要想有效地使用暗示信号，应当让幼儿知道会在什么时候使用以及为什么使用它们。来园第一周就向幼儿解释并且实践。当幼儿太吵了或者试图逃避任务时，教师可以使用暗示信号。在活动转换或过渡环节也可使用暗示信号。

开灯关灯是一个常用的暗示信号，其他还包括：

- ◆ 摇铃。
- ◆ 拍手数次。
- ◆ 唱歌。
- ◆ 教师站在幼儿前方举起手来，直到每个人都注意到。
- ◆ 带领幼儿玩一个特定的手指游戏。
- ◆ 重复某个幼儿容易吟唱的句子，比如"如果听到我的声音，拍拍手三次，如果听到我的声音，拍拍手一次"。
- ◆ 示意幼儿看教师的眼睛。
- ◆ 在教室里走一圈，拍每个幼儿的肩，直到所有幼儿都把注意力集中到教师身上。

有效班级管理的要点

◆ 过度使用暗示信号会让幼儿感到平淡无味。在必要的时候才使用，比如提醒幼儿适宜的班级行为或者有重要通知时。

27．使用"还记得……"

 问题

诺克斯把汤姆手中的手偶抢过来，在教室里绕圈跑，大声地叫着，汤姆也对着他大叫："那是我的，我先玩的！"

 概述

幼儿情绪情感发展的一项重要内容是理解别人的情感。"还记得……"的办法是通过幼儿亲身体验类似的情形来理解别人的情感。

 目标

教幼儿站在别人的角度思考。幼儿不断地与教师、同伴开展社会性互动能帮助他们意识到每个人都有相似的情感。

技巧

克鲁斯老师以前处理过这样的问题，所以，她冷静地走到诺克斯身边，弯下身子与他平视，说："诺克斯，你还记得上星期麦瑞立把你的拼图抢走的事吗？你是怎么回应她的？"

诺克斯有点不好意思地说："我对她大叫！"

"就像汤姆现在这样！"

"是的！"诺克斯的头低下了。

克鲁斯老师轻而易举地让诺克斯站在了汤姆的立场上，一旦诺克斯"记得那个时刻"他也经历过相同的事件，他就能理解汤姆的感受了。随着进一步的讨论，克鲁斯老师成功地劝说诺克斯把手偶还给了汤姆，直到汤姆玩好。后来，克鲁斯老师注意到他们在手偶区一起玩了。

 有效班级管理的要点

◆ 有时可以扩大这个办法的适用范围。如果幼儿就某个灾难来询问教师，那么有必要帮助他们理解其他国家幼儿的情感。"还记得我们班的仓鼠死掉时我们多难过吗？墨西哥城的人们也很难过，因为地震夺去了他们许多朋友和家人的生命。想想我们有什么办法能帮助他们？"

28. 转移幼儿的注意力

 **问题**

幼儿很容易被周围发生的事情吸引，他们会在圆圈活动时间坐立不安，转向身边的小伙伴；如果窗外有什么事情发生，他们会奔过去。

 概述

要知道幼儿对很多事物有兴趣。注意力难以集中是他们这个年龄的典型特点，教师应该把他们的注意力吸引到讨论和活动上。

 **目标**

采取策略来帮助幼儿把注意力集中在群体活动上。

 **技巧**

要让幼儿把注意力集中在正在开展的活动上可采用各种各样的策略。下面列举了一些在群体活动时转移幼儿注意力的建议：

- ◆ 向幼儿提问。
- ◆ 与幼儿进行眼神交流，用非语言的提示重新获得他的注意。
- ◆ 叫幼儿的名字，告诉他你希望他集中注意力。
- ◆ 走近幼儿。
- ◆ 走到幼儿身边，把手放在他的肩膀上。
- ◆ 停下正在做的事情，直到幼儿回过神来看你。
- ◆ 让幼儿坐到你身边来，然后继续讨论、讲故事或进行其他活动。
- ◆ 把幼儿叫到一边，让他选择，要么跟大家在一起，要么到其他活动区去（提供给幼儿的选择应该是教室里的安静区域）。
- ◆ 在群体活动后尽快跟幼儿谈心，告诉他为什么他的行为会分散别人的注意力。
- ◆ 如果幼儿被玩具或物品吸引，请幼儿把玩具收到橱柜或放到口袋里，过一会儿再拿出来。

有效班级管理的要点

- ◆ 群体活动安排要短。别指望幼儿能坐上15分钟以上。
- ◆ 有时候分散幼儿注意力的事件可能比预设的活动更重要。抓住这些偶然出现的契机，顺应幼儿的兴趣对幼儿更有意义。例如，如果有管道工来修理漏水的水龙头，让幼儿观察修理的过程能比开展预设活动学到更多东西。

29. 为幼儿保留私人时间

问题

任何年龄的人都需要独处的时间。如果这一需求不能得到满足,那么他在与其他人交往时会易怒、不高兴。

概述

教室里安静的区域、午睡时间、休息时间都能让幼儿放松身心。幼儿还应学会在恰当的时候给自己留些安静下来的时间。

目标

帮助幼儿发现自己有私人时间的必要,在教室中留出满足幼儿需要的空间,以便发展他们的自我控制力和独立性。

技巧

下面列举了一些幼儿园教室中安静的活动区:
- 阅读角。
- 在教室的角落里放几个柔软的枕头。
- 在旧澡盆里放一些枕头。
- 里面有睡袋、床单或垫子的帐篷。
- 特别准备的阁楼(可以作为另一个图书角)。
- 一张小床或沙发(如果空间允许)。

有时,可以让幼儿到计时隔离区待几分钟。使用这种办法时必须跟幼儿解释清楚,并且只能待几分钟。计时隔离椅有时也被称为"充电椅",

如果使用得好会很有效。使用计时隔离椅能帮助幼儿学会自我控制，把关注点从惩罚转移到椅子上，被认为是让幼儿学会独立的一个途径。

示范使用计时隔离椅的方法，特别是当你感到受挫的时候。如果你坐在计时隔离椅上，幼儿会注意到，这样能让他们知道你很难过，需要重新得到自我控制的能力。

  有效班级管理的要点

◆ 私人时间对每个人都很重要，不能当做惩罚来使用。

30. 引导幼儿在室内和室外用不同的音量说话

 **问题**

大部分幼儿都喜欢讲话，他们越高兴，讲话声音越大。如果幼儿很兴奋，他们可能会大声地讲话，这个音量对教室环境来说太大了。

 **概述**

幼儿需要调节自己区分在室内轻声讲话和在室外大声讲话。

 目标

帮助幼儿用适宜的音量在教室里讲话。当幼儿太兴奋想要说什么事情的时候可能会发生意外。

 **技巧**

制订班级规则时，告诉幼儿在室内和室外要用不同的音量。告诉幼儿在室内应该轻声讲话，在室外可以随心所欲地大声讲话。最好的办法是向幼儿示范轻声讲话，让他们练习轻声地说。

经过几天的提醒后，如果你发现幼儿并没发现两者的区别，你要向他们示范什么是室内的讲话音量，什么是室外的讲话音量。

有时，幼儿会提出在教室里不要说话。应让他们知道这是不现实的，教室里需要的是轻声讲话。

 有效班级管理的要点

◆ 要一直提醒幼儿区分"室内"和"室外"音量，直到他们内化和理解。

31. 唱歌

 问题

有时候，比如阴雨天，幼儿会变得比较吵闹。即使用了许多暗示信号提醒幼儿音量太大了，他们还是很快又吵闹起来。忍受噪音的时候，你会发现他们影响了其他幼儿，接下来，该怎么做呢？

 概述

讨论班级里的噪音水平能终止幼儿的吵闹，帮助他们记住教室规则。

 目标

帮助幼儿意识到他们的噪音会给别人带来困扰。幼儿需要把注意力放在不扰乱他人的行为上。

 技巧

唱一首幼儿熟悉的歌，尤其是能让幼儿围成圈做音乐游戏的歌。"变戏法"、"伦敦桥倒啦"、"洗洗手"都是不错的选择，其他好听的歌曲也能起到同样的作用，可选择幼儿经常要求听的歌。

有效班级管理的要点

◆ 最后一个办法是把幼儿带到体育室或者塑胶跑道上,让他们跑一跑。不幸的是,下雨天总会让幼儿比平常更兴奋。

◆ 如果你觉得不舒服不能跟幼儿一起唱歌,也可以打拍子或使用录音磁带、碟片。

32. 做手指游戏

 问题

任何班级的幼儿都难免会出现大声喧哗、嘈杂吵闹的情况。常规活动,比如手指游戏,能有效地让幼儿集中注意力。当幼儿安静下来后,提醒他们音量太大了,让他们控制自己继续活动。

 概述

手指游戏或律动儿歌能帮助幼儿把注意力集中在教师身上,消极行为也会改变。然后告诉幼儿,在班级里应该怎样表现,并且给他们找一个安静和自我控制的例子。

 目标

帮助幼儿停止干扰行为,加入诵读活动。手指游戏结束的时候,跟幼儿分享提示信息。

 技巧

选择幼儿们喜爱的手指游戏或者儿歌,他们会更愿意参与。试试"五只猴子"或"一二三四五",幼儿多次要求听的歌曲也是不错的选择。

五只猴子

五只小猴子在床上跳，

一只掉下来，摔破了头，

妈妈叫医生，医生说："不许在床上跳！"

不断重复，每次减掉一只猴子，用手指来表现儿歌。

一二三四五

一、二、三、四、五，

抓了条小鱼，

六、七、八、九、十，

把它放掉了，

为啥放掉它？

因为它咬我。

咬了哪个手？

右手小拇哥。

有效班级管理的要点

◆ 如果幼儿不响应，设计一个关于小组行为的讨论，内容包括你希望幼儿在教室里做出什么行为。

33. 做游戏

 **问题**

让幼儿从区域活动转换到集体活动需要技巧和专业知识，特别是当

幼儿很吵闹、很烦躁的时候。围成一个圈做游戏能帮助幼儿较快过渡到日常活动中。

概述

暗示信号使用过多会变得平淡无奇,围成一个圈,做幼儿喜欢的游戏,能让从游戏到正常活动的转换变得容易。

目标

用歌曲、手指游戏等将幼儿的注意力带回常规活动和群体活动中。

技巧

幼儿们很喜欢围成一圈做游戏,试试下面的游戏:

◆ 反复说唱这首儿歌:

> 谁来和我一起开车?我来,我来!
> 谁来和我一起开车?我来,我来!
> 谁来和我一起开车?我来,我来!
> 谁来和我一起开车?我来!

在教室中转圈,提示幼儿加入并站在你身后,最后在教室中主要的活动范围里形成了一个圆圈。然后就可以介绍新游戏了。

◆ 选择一首歌作为幼儿围成圆圈的信号。可以用一首有名的歌曲的调子,可以试试"伦敦桥倒啦"的旋律:

> 谁能围成一个圈,一个圈,一个圈!
> 谁能围成一个圈?我们来做游戏!

◆ 在教室门口排队的时候,可以试试"我看见",例如:
- "我看见墙上有个东西'滴答'、'滴答',是什么?"
- "我看见一幅画上有个四条腿的动物,它有毛,叫起来'汪汪汪',

是什么？"

- "我看见红色、白色、蓝色，是我们国家（美国）的象征，是什么？"

有效班级管理的要点

◆ 某一技巧用得多了会令人厌烦，运用多种策略和方法可保持幼儿对班级活动的兴趣。

34. 实践案例：易迪的故事

> **支持这个故事的原则**
>
> ◆ 班级管理需要教师处理好个别幼儿的问题行为。
> ◆ 当一种办法不灵时，试试其他办法。
> ◆ 有些幼儿反应很快，有些幼儿反应较慢，需要更多时间。
> ◆ 处理幼儿的问题时，尽可能多地与其家长沟通。
> ◆ 教师分享自己的经历有利于幼儿理解他们遇到的问题。
> ◆ 当幼儿还不会用语言描述自身的需要和担心时，他们需要成人示范如何表达自己的情感。
> ◆ 幼儿园以外的专业帮助有时也是必要的。
> ◆ 耐心和幽默是成功的幼儿教师所必须具备的特质。

这已经是谢尔登老师本星期第三次从走廊里跑过去抓易迪了，从入园第一天起，易迪看上去就不怎么开心，到了第三周，他开始抓住任何机会从教室里逃跑。谢尔登老师记得他妈妈说过，易迪是第一次离开家进入幼儿园。易迪的妈妈做兼职，以前，易迪白天跟住在附近的保姆在一起。易迪的哥哥上六年级，他和哥哥很少交流，事实上，易迪像个独生子。

幼儿不愿意参加班级活动、从教室里逃跑，可能有很多原因：
◆ 不习惯长时间离开熟悉的生活作息。
◆ 不习惯跟同伴在一起。
◆ 教师给他们提出了不切实际、不符合年龄特点的期望。
◆ 在情感上还没准备好接受幼儿园的生活作息。
◆ 有情绪问题妨碍了他们在幼儿园愉快地活动。

谢尔登老师制止了易迪跑出去，温柔地把他拉到身边，告诉他，妈妈希望他待在幼儿园。他并没有反对，但是他注意力不集中，不肯参与一日活动，这让谢尔登老师明白了，她还需要付出更多努力帮助易迪在幼儿园舒服称心地活动。

当晚她和易迪的妈妈电话交流，她们达成一致意见，认为应共同努力，采取适当的行动，她们需要找出易迪不高兴的原因，想办法鼓励他理解和接受待在幼儿园学习。

谢尔登老师意识到，学年初制订的严格、强制的规则可能妨碍了易迪愉快地接受幼儿园。第二天早晨她温和地问候易迪："易迪，我特别高兴你来到我们班！我们一起玩吧，你可以认识其他小伙伴，喜欢上幼儿园。跟我说说你在家喜欢做什么。"

谢尔登老师在最初两个月每周都给易迪的妈妈打电话。她注意到易迪的变化，他和杰里米、萨米成为好朋友了，到12月份，谢尔登老师完全不用担心易迪会逃走了。他在班级里就像在家里一样，一点也不感到拘束。

第 3 章

环境创设问题

当人们出席摇滚音乐会或观赏锦标赛的时候，希望场面拥挤、气氛热烈。嘈杂拥挤的环境会引发台下听众或观众的尖叫，他们用嘲笑或喝彩回应舞台或赛场上的表现。很偶然的情况下会有人打架，需要警察来控制让一切恢复正常。

跟上述两种情况下环境对人的影响一样，教室环境同样影响着幼儿。如果教室混乱无序，幼儿也会自由散漫；如果教室温馨、能吸引幼儿学习，幼儿也会做出相应的回应。本章将告诉教师如何设置教室环境来教育幼儿、促进他们的认知发展。

35. 创设一个有趣的、能吸引幼儿的教室环境

 **问题**

充满趣味的、具有吸引力的教室环境能让幼儿做出反应，并且影响着幼儿的行为表现。

 概述

能够提供多种活动的、能满足幼儿兴趣的教室才是他们真正需要的。活动材料应当能引发幼儿思考、鼓励幼儿做出积极的社会性行为，并能确保每个参与的幼儿都是安全的。教室里需要各种各样的材料，但又不能让幼儿感到自己被材料包围。

 目标

创设一个有趣、整洁、吸引人的教室环境，以便让幼儿表现出积极的行为。

 **技巧**

要想创设一个有趣、整洁、吸引人的教室环境，教师可以参考如下建议：

◆ 在教室门口张贴邀请标记或海报，告诉幼儿他们将会在这里度过快乐的时光（包括老师的名字、班级，如：欢迎来到高老师所在的××班）。

◆ 定期更换公告板，以促进幼儿在教室里的学习。

◆ 尽可能地展示幼儿的作品（最好是艺术作品），考虑设置一个可以放置幼儿作品的公告板。

- ◆ 尽量让教室充满幼儿的个性（比如在公告板上展示幼儿过生日的情形）。
- ◆ 在衣橱上、花名册上或公告板上展示幼儿的名字（有的老师还按字母顺序排列幼儿的名字）。
- ◆ 提供一块信息板，用于记录一星期中不同幼儿的信息。
- ◆ 张贴"任务公告栏"，以便让幼儿知道当天或一周中他们的责任是什么。
- ◆ 设置一些活动区邀请幼儿使用。
- ◆ 用有吸引力的标记在教室中划定区域，标出每个区限定的幼儿人数。
- ◆ 为小组活动创设一个开放的活动区。
- ◆ 在教室里开辟一块空间，为有需要的幼儿提供一个私密角。
- ◆ 为幼儿提供可以获得多种感知体验的材料（例如水桌、沙桌，或者不同质感、纹理的桌子）。
- ◆ 要考虑到教室中幼儿的流动性，比如当幼儿走动时，是否会打扰阅读区的幼儿。

注意：安全性是安排教室的首要考虑因素，如果教室中有任何设施、材料、玩具不安全，应当立即撤走。

有效班级管理的要点

- ◆ 当幼儿开始厌烦、无精打采或没有目的地闲逛时，就到了增加新玩具或介绍新游戏的时候了。
- ◆ 有些幼儿对明亮的颜色感到不适，特别是那些有特殊需要的幼儿。如果教室里的环境色彩太丰富，可以调和一下色调，以免幼儿分心。

36. 展示班级规则

问题

在前面已经探讨了如何制订班级规则。将班级规则张贴出来能帮助每个人记住规则。

概述

当消极行为出现时让大家看一看张贴班级规则的海报,这是一种班级管理的技巧。可以告诉幼儿,规则能让班级流程顺畅。如果幼儿曾帮助制订规则,也可以提醒幼儿,每个人都参与了创建规则。

目标

保持安全有序的教室环境。让大部分幼儿都能遵守班级规则的目的是让幼儿的行为符合规范。

技巧

在学年之初制订班级规则是班级管理特有的过程。在整个学年中,应定期复习这些规则,帮助幼儿记住它们。给每个张贴出来的规则加一个可视化的符号,比如幼儿走路的图片,或其他被鼓励和倡导的行为范例。

有效班级管理的要点

◆ 意识到一日生活中的许多事件,包括庆祝活动,都能让幼儿表现不好。要耐心理解(并提醒幼儿遵守班级规则),他们会做出回应的。

◆ 如果在某个特别的日子里，个别幼儿行为表现不适宜，让全体幼儿都坐下来回顾班级规则。如果某项规则不起作用，你也许可以建议更改规则。

37. 组织成功的圆圈活动

 问题

在幼儿园里，有时候幼儿期望参与、体验群体活动。由于圆圈活动或集体活动能让幼儿获得学习经验，因此要仔细设计如何开展。

 概述

圆圈活动能促进幼儿社会交往技能的发展并为集体活动奠定基础，当幼儿进入小学的时候这些技能和基础都是必须的。大部分3岁以下幼儿需要小群体经历（也许一本书或者一个游戏就可以），3岁幼儿的圆圈活动时间应在10分钟左右。四五岁的幼儿能坐15~20分钟。随着幼儿年龄增长、活动需要的增强、社会技能的发展，可以逐渐延长活动时间。

 **目标**

圆圈活动的时间长短应与幼儿需要和社会技能相匹配。

 技巧

将幼儿集中在一起并成功开展圆圈活动的步骤为：

(1) 有一个暗示信号能将幼儿集中在一起（游戏或唱一首预先选好的歌）。

(2) 一旦幼儿集中，就开始一个熟悉的活动（手指游戏或者幼儿熟悉的歌曲）。

(3) 在圆圈活动开始就分享信息内容（幼儿会很快疲倦，所以要立即传递主要内容）。强调幼儿的兴趣。

(4) 尽量允许大家讨论，幼儿会记住自己的贡献并从中学习。

(5) 安排一些运动满足幼儿的需要，避免他们烦躁。

(6) 如果圆圈活动不起作用，按照一日流程开展后面的活动（大部分信息都不是重要得非得今天说不可）。

有效班级管理的要点

◆ 开展圆圈活动时应关注幼儿的兴趣。像教室中所有学习活动一样，直观体验为幼儿提供学习的第一手资料。谈论堪萨斯州的小麦或佐治亚州的棉花丰收对幼儿没有意义，拿一些小麦或棉花种子给他们，能帮助他们学习，因为这些信息是直观具体的。

38. 合理设计进餐时间

问题

无论是吃午餐还是吃点心，进餐时间总是教师最忙乱的时候。这时若能有额外的人手或家长志愿者帮忙，可以减轻教师和幼儿的压力和负担。然而，如果无法增加人手，依然有办法让幼儿拥有愉快的进餐时间。

概述

为幼儿提供食物和其他活动一样，需要设计安排。幼儿不会耐心地坐等食物。

目标

让进餐愉快有序。

 **技巧**

最好的午餐体验能带给幼儿健康和社会性发展的双重功效。下面这些办法能让你在没有额外帮手的情况下有序、有趣地组织幼儿进餐。

◆ 安排固定的午餐和点心时间。

◆ 让家长知道何时午餐,他们也可以据此安排,如果有可能,邀请家长加入幼儿的进餐活动。

◆ 确保幼儿进餐前洗干净双手(如果有必要,可以检查)。

◆ 确保餐前和餐后餐桌都很干净。

◆ 至少有一个成人坐下来和幼儿一起吃。如果可以安排或实施家庭式进餐会更好。

◆ 鼓励幼儿进餐时开展社会性的讨论。

◆ 进餐应该是休闲、享受的,而非匆匆忙忙的。

◆ 引导幼儿餐后做好清洁卫生(例如,将托盘、垃圾拿走并放到适宜的地方)。

有效班级管理的要点

◆ 定期反思进餐方式是否符合幼儿教育目标。如果有必要,可以改变午餐的方式。如果午餐无序或者幼儿从中没有得到收获,则不应该继续午餐的方式。

39. 提供选择的机会

 **问题**

典型的幼儿园一日活动安排应该有大量时间供幼儿选择他们愿意参加的活动。建立选择的体系能培养幼儿的独立性和做出决定的能力。

概述

幼儿需要知道他们的选择范围，还需要知道一旦做出了选择，他们必须坚持到活动结束才能更换新的活动。

目标

帮助幼儿学会选择。

技巧

在开学第一周，向幼儿介绍教室中的不同区域，让幼儿选择自己想要到哪儿玩。一般区域活动时间是 45~60 分钟。向幼儿解释清楚，一旦他们决定到哪个区去玩，必须坚持到区域活动时间结束。指导有效区域活动的原则包括：

- ◆ 控制每个区域的幼儿人数，大部分区域不能超过 5 名幼儿。
- ◆ 告诉幼儿必须待在他选择的区域中。
- ◆ 如果幼儿在区域中的行为表现不好，把他带出区域一会儿，跟他谈谈什么是适合的行为。
- ◆ 如果教室里有许多区域，为幼儿提供第二次选择的机会（允许部分幼儿到其他区域）。
- ◆ 定期关闭一些区域，鼓励幼儿选择那些被忽略的区域。
- ◆ 教师也在某个区域游戏，因为教师的参与对幼儿来说是一种鼓励。

有效班级管理的要点

- ◆ 幼儿很少或几乎没有做出选择的经历。在幼儿第一次做选择时，应控制可供选择的数量，以免让幼儿感到抉择的压力。最开始，可以给幼儿两个选择，然后，三个、四个……一旦幼儿对选择有自信了，从几个选项中做出选择就会变得很容易。

40. 对教室的环境进行思考

问题

创设教室环境时，考虑一下这个空间能让幼儿做什么。这里能让幼儿做出选择吗？这个空间能吸引幼儿学习吗？这里是否能让幼儿像在户外一样跑来跑去？这里能控制幼儿吵闹的行为吗？这个设计能促进幼儿的自我管理和民主生活吗？

概述

教室的环境设计影响着幼儿的学习和行为。小的、温馨的区域能让幼儿喜欢上游戏，促进同伴互动、表现出色和词汇发展。

目标

创设有序的教室，支持幼儿的积极行为。

技巧

环顾你的教室，问自己下面的问题：

◆ 教室中学习区域的划分是否很容易确定？
◆ 游戏区是否足够小，能让幼儿进行亲密的同伴互动？
◆ 教室设置是否能防止幼儿奔跑？
◆ 在教室里，教师是否能够容易地看到所有幼儿？
◆ 材料是否充分，能让所有幼儿都参与活动？
◆ 幼儿在教室中走动是否容易？

有效班级管理的要点

◆ 如果教室环境需要重新安排,可以请幼儿帮忙搬家具、设备和物品。

41．设计过渡环节

 **问题**

"过渡环节"是一日活动流程中幼儿从一项活动向另一项活动的转换。通常,过渡环节与幼儿集体活动的改变有关。需要过渡环节的情况包括来园、离园、准备去户外活动、排队去别的地方、改变活动区、重新回到集体活动、开始圆圈活动等。过渡环节经常让幼儿感到困难。

 **概述**

设计过渡环节能帮助幼儿从一项活动顺利转换到另一项活动。

 **目标**

帮助幼儿初步理解怎样从一项活动转换到另一项活动。

 技巧

设计过渡环节能让幼儿减少分散精力和争吵。这里有一些设计过渡环节的建议:

◆ 用暗示信号宣布转换环节。

◆ 让幼儿用特殊的方式走动(踮起脚尖、爬、假装滑冰、像毛毛虫一样、像小猫一样、像星星一样轻快,或者其他方式)。

◆ 叫幼儿按照衣服的颜色排队("穿蓝色衣服的小朋友排在门口,穿红色衣服的过来"等)。

- ◆ 叫幼儿按照眼睛或头发的颜色开始圆圈活动（或者其他活动）。
- ◆ 在幼儿做清洁的时候观察他们，当他们完成时，告诉他们该到门口排队了（或者到圆圈活动时间了，或者任何将要转换的活动）。
- ◆ 询问每个幼儿一些信息（他们的住址或电话）。如果他们记不住，帮助他们记清楚，再让他们去参加活动。
- ◆ 对大一点的幼儿,建议他们按照姓氏的字母顺序去参加活动(如"所有名字以'P'开头的小朋友去洗手")。
- ◆ 轻轻地拍一个幼儿，让他拍下一个幼儿，被拍的幼儿再拍下一个，被拍到的幼儿可以离开，直到所有幼儿都离开。
- ◆ 问问小队长用什么方法。
- ◆ 让一个幼儿说出一首喜欢的歌曲，大家边走边唱。

有效班级管理的要点

- ◆ 教室中所有的学习都需要示范。创设平缓的过渡环节意味着教室要据此进行设计，并告诉幼儿为什么要这样做。

4.2. 组织幼儿进行区域活动

问题

幼儿很享受区域活动时间，但是让幼儿进入活动区需要设计，应允许幼儿做出选择和改变（如果允许的话）。

概述

除非幼儿对区域活动熟悉了，否则可能会产生困惑和混乱。跟每个幼儿谈谈他们选择的活动区，提醒他们在区域活动时间内（更换区域时间到来之前，如果有可能的话）必须一直在活动区中活动，这样做能帮助缓解问题。

 **目标**

创设能为幼儿提供选择和有效游戏的区域活动的经历和体验。

 **技巧**

使用"区域活动板"给幼儿做出选择和改变选择的机会。在板上给出每个区能有多少幼儿的提示。这些提示可能包括以下内容：

◆ 上面有数字或符号的信封，幼儿可以将他们的名签插到里面。

◆ 一张教室区域划分的地图，上面标有数字或符号，幼儿可以将有黏性的挂钩放在想要去的活动区。

下面是一些方便在区域活动时做出选择的小贴士：

◆ 限制选择某个区域的幼儿人数（把人数限制张贴出来，以便幼儿可以看到并理解，或者用"区域活动板"让幼儿做出选择）。

◆ 告诉幼儿在游戏期间必须待在选择的区域中。

◆ 如果区域活动中幼儿出现不适宜的行为，请他们从区域中出来一会儿，向他们解释为什么带他们出来。给他们重新进入游戏的机会。如果还是表现不好，他们就要选择别的区域了。

◆ 如果有足够的活动区，安排幼儿使用"区域活动板"来离开第一个选择的区域，进入其他活动区。

幼儿们体验有效的、有创造力的游戏需要充分的时间。最初，幼儿在玩扩展游戏时会感到困难，可通过提出建议和参与游戏的方式帮助这些幼儿。

有效班级管理的要点

◆ 如果幼儿经常反复选择同一个区域，可以用下面四种策略来鼓励

幼儿选择其他区域:
- 偶尔关闭受欢迎的活动区。
- 定期到不太受欢迎的活动区游戏(幼儿愿意到老师所在的地方去)。
- 告诉幼儿不太受欢迎的活动区的价值。
- 在不太受欢迎的区域开展特别的活动。

43. 创设幼儿喜欢的活动区

 美工区

- ◆ 将美工区安排在离水源近的地方。
- ◆ 将美工区安排在便于清洁的地板上（例如，安排在砖地或者地板革上，而不是地毯上）。
- ◆ 根据活动决定美工区的人数（例如，玩黏土或用记号笔、蜡笔画画可以有6个幼儿）。
- ◆ 根据画架的数量限制参与绘画的幼儿人数。
- ◆ 在画架下铺上画画丢弃的衣服或塑料台布。
- ◆ 为每个画画的幼儿提供一件工作衣。
- ◆ 指导幼儿使用绘画和其他美工材料。
- ◆ 提供一个干燥的架子给幼儿，供他们画完以后使用。
- ◆ 为幼儿提供一个展示作品的地方。
- ◆ 鼓励幼儿在美工活动结束后，把自己和工作区域整理干净。

 **积木区**

- ◆ 将积木区幼儿的人数控制在5~6人。
- ◆ 如果用的是木头积木，要定期检查是否有损坏，如果可能伤害到幼儿，就把它们拿走。

- ◆ 建立规则：谁也不能破坏别人搭的积木。
- ◆ 幼儿可以把积木搭得跟他们一样高（如果使用的是纸板积木，这条规则不需要）。
- ◆ 提醒幼儿用适宜的方式拆掉他们搭的积木。
- ◆ 鼓励幼儿在搭积木的时候进行群体合作。
- ◆ 定期拍下幼儿搭积木的照片与家长分享或者张贴在公告板上。

阅读角

- ◆ 将阅读角安排在教室中比较安静的地方。
- ◆ 将阅读角的幼儿人数控制在4个左右。
- ◆ 经常翻看图书以检查是否需要修补。
- ◆ 定期增加新书（每两周一次）以保持幼儿的兴趣。使用能补充教学的书。把幼儿厌烦的书撤掉。有些书比其他书受幼儿欢迎，整整一年都让幼儿感兴趣。
- ◆ 把书的封面展示出来。这样能帮助幼儿记住图书，并增加他们对图书的兴趣。
- ◆ 将不经常使用的图书拿走。
- ◆ 考虑在阅读角设置一个听力站。
- ◆ 如果阅读角放了枕头，应定期清洗。
- ◆ 提供一些小毛绒玩具，幼儿可以给它们讲故事。

书写区

- ◆ 提供纸、铅笔、绘图笔、信纸、蜡笔、旧的打印机，鼓励幼儿尝试书写。
- ◆ 在书写区放一张字母表供幼儿使用。
- ◆ 为那些想把"信"和艺术作品寄出去的幼儿提供一些信封。
- ◆ 用节日贺卡或生日卡作为幼儿书写的范例。
- ◆ 如果幼儿想要展示他们的书写作品，可在附近放一块公告板。
- ◆ 提供一些简单、有大字的图书，供幼儿抄写。

- 提供一些样板供幼儿描红。
- 做一张信息板用于张贴给幼儿的通知。教师的书写能增强幼儿书写的愿望。

戏剧表演区

- 将戏剧表演区的幼儿人数控制在 4~5 人。
- 确保该区的服装清洁并且完好。
- 定期清洁服装确保卫生。
- 鼓励幼儿在美工区制作道具,在表演区使用。
- 确保道具不会变成幼儿的武器伤害别人。

娃娃家

- 将娃娃家的幼儿人数控制在 4~5 人。
- 经常更换道具,鼓励综合表演活动。
- 使用代表不同文化的玩具和玩偶。
- 确保道具的清洁和完好。
- 根据班级的学习内容增加道具。
- 考虑能够发展语言的道具,如电话本、食谱、杂志、报纸等。
- 如果道具是布做的,应定期清洗。
- 将娃娃家安排在戏剧表演区或者特别兴趣区(如食品杂货店),鼓励幼儿扩展游戏经验。

操作区或拼图区

- 这个区可以有 3~4 个幼儿。
- 选择符合班级幼儿年龄的适宜材料。如果材料对幼儿来说太小了,把它们撤掉,否则可能卡住孩子喉咙。
- 给同一幅拼图标记上相同的数字符号(如将一幅拼图里所有的拼块都标上数字 12)。

- 确保每幅拼图的完整。如果有缺失，就要撤掉这幅拼图。
- 定期更换拼图或操作材料，确保对幼儿有一定的挑战性。

户外活动区

- 所有幼儿都能在户外游戏区活动。向特别机构和研究部门咨询你所执教年龄幼儿对场地的要求。
- 定期检查操场上的设施以决定是否需要修理。
- 提供草地和沙地，让幼儿做不同的游戏。
- 幼儿在操场上的流动与在室内的流动同样重要。
- 当幼儿在户外游戏时，要一直监护他们。
- 在活动场地周围为0~8岁的幼儿竖起栅栏和安全门。
- 每次安排一组或两组幼儿到操场上活动。
- 偶尔增加些飞盘、彩色粉笔、泡泡球等以改变活动的节奏。

特别活动区

- 鼓励根据幼儿兴趣和学习主题创设特别活动区。
- 人数控制在3~4人。
- 如果幼儿从家中带来材料，应仔细检查它们是否安全。
- 将特别活动区安置在教室中比较显眼的地方，当幼儿的好奇心消退时，可以拆掉特别活动区。

木匠区

- 这个区更适合大一些的幼儿。
- 将该区的人数限制在3~4人。
- 示范如何使用木匠工具。
- 使用废弃的泡沫塑料包装，幼儿在做木工的时候就不会弄伤自己了。
- 准备大量的边角料鼓励幼儿的创造性。
- 仔细监督木匠区以免发生意外。

44. 实践案例：德瑞克的故事

> **支持这个故事的原则**
>
> ◆ 班级管理需要教师处理好个别幼儿的问题行为。
> ◆ 当一种办法不灵时，试试其他办法。
> ◆ 有些幼儿反应很快，有些幼儿反应较慢，需要更多时间。
> ◆ 处理幼儿的问题时，尽可能多地与其家长沟通。
> ◆ 教师分享自己的经历有利于幼儿理解他们遇到的问题。
> ◆ 当幼儿还不会用语言描述自身的需要和担心时，他们需要成人示范如何表达自己的情感。
> ◆ 幼儿园以外的专业帮助有时也是必要的。
> ◆ 耐心和幽默是成功的幼儿教师所必须具备的特质。

阿德金斯老师从幼儿入园第一天起就开始注意他们对教室环境的反应。她的班级空间并不像她希望的那么大，但她想办法布置了几个兴趣中心，她知道4~5岁的幼儿一定会喜欢的：娃娃家、积木区、阅读区、拼图和操作区、美工区、发现桌。只有12名幼儿，这些活动区能为幼儿提供充分的选择以满足他们的兴趣，特别是当阿德金斯老师定期更换材料时，更能引起幼儿的兴趣。

德瑞克从学年初就成为了阿德金斯老师的关注点。他看上去是个开心的幼儿，他的穿着打扮也很适合班级活动。他每天来园也很准时，妈妈说他很喜欢幼儿园的经历。但德瑞克看上去似乎并不想加入其他同伴。尽管集体活动时他能跟别人坐在一起，但他几乎不参加讨论。当他要说些什么的时候，就会走到阿德金斯老师面前私下跟她说，通常他会表现出超出同龄幼儿的知识，在区域活动时间，他更像一个观察者而不是一个游戏者。他本身并不是问题儿童，但阿德金斯老师想帮助他变得更具有社会性。

她采用的第一个策略是跟德瑞克的妈妈聊一聊。了解到德瑞克是家中的老大，老二在德瑞克入园前不久刚出生。德瑞克的妈妈承认4岁前他很少有机会跟年龄比他大的男孩儿一起玩。她花了许多时间跟儿子讲各种话题，所以他的知识面很宽，这是德瑞克第一次进入幼儿园。阿德金斯老师相信他不善于交流源于他缺少与其他幼儿互动的社会技能。

每天早晨，德瑞克一来园，她就开始跟他谈话，鼓励他选择别人已经在玩的游戏。她还请经验丰富的幼儿帮助德瑞克过渡到他们的游戏中。她还发明了一套帮助幼儿配对的方法，用在他们要离开教室去户外运动的时候。每次，她都让德瑞克跟社会交往经验丰富的幼儿组合。她还设计了集体活动，讨论怎样交朋友、讨论每个人对发展社会关系的责任。

此外，阿德金斯老师让德瑞克的妈妈在家也搞一些社会性的活动，邀请同学去公园或者一起吃冰激淋。最终，阿德金斯老师观察到德瑞克变得对别人友好了、不依赖老师来寻求友谊了。德瑞克只是需要了解在他这个年龄进行社会交往和交朋友的信息。

第 4 章

一日常规和流程

一日常规和流程影响着幼儿的行为和学习。教师要给幼儿时间来思考、学习经验以满足幼儿的需要。学习不能匆忙!

年幼的幼儿刚开始人生之旅,刚开始了解自己是谁、想要做什么、将来能对社会做什么贡献。随着生活的展开,他们开始寻找自己在社会中的位置。《幼儿园已经教会了我应该知道的所有事》(福格汉姆,1987)说明作者的老师知道幼儿的品质教育和个性发展值得教师付出最大的努力。

45. 幼儿需要常规

问题

常规有助于幼儿自我调整。常规和流程被打乱时，幼儿会变得烦躁、很难控制。

概述

保持常规的灵活性和稳定性能给幼儿一种可以控制人生的感觉。压力会令幼儿烦躁、不讲道理，而常规能减少这种压力。被扰乱的流程会增加幼儿的破坏性行为，在一周中任何时间都可以跟家长谈论为特别的家庭庆祝或假日所做的准备，家长的回应暗示着一日常规改变后幼儿的行为会混乱到什么程度。意料之外的事件带来的兴奋通常会导致幼儿的任性。

目标

建立常规和可预测的环境，帮助幼儿保持稳定。即使在来客人或有特别事件发生要求流程改变的时候也能保持稳定。不寻常的事情每天都有可能发生。

技巧

在固定的时间开始活动，在固定的时间吃点心和午餐，在固定的时间进行户外活动，这样安排对年幼的幼儿是有好处的。制订可操作的流程，并张贴在班级、幼儿园里，每天都尽可能准确地执行。

让家长了解常规和流程也有好处，可以减少对常规流程的扰乱。例如，沃克喜欢跟班里其他幼儿一起进餐，他妈妈就可以把医生约在午饭后，让沃克有跟同伴进行社会交往的时间。

意料之外的事件，比如特殊客人造访会打乱常规流程，对这样的事要进行提前计划，可以跟幼儿说说将会发生的变化，并告诉幼儿什么时候会恢复正常。这也是讨论对客人要有礼貌的好时机。

有效班级管理的要点

◆ 让幼儿对流程的变化有所准备。

◆ 当流程被打乱时，告诉幼儿应该怎么做。

46．幼儿需要熟悉的面孔

问题

一天早上，黛博拉来到幼儿园，发现威廉姆斯老师不在。"我的老师在哪儿？"她问道。"威廉姆斯老师早上生病了！"代班老师回答道，"我是布鲁斯老师，今天我是你们的老师，希望威廉姆斯老师上午能回来！"

概述

幼儿需要教室中有熟悉的人。跟其他幼儿一样，黛博拉整天都看上去心神不安。布鲁斯老师按照教学计划开展活动，她全天都在尽量满足幼儿的需要。但是布鲁斯老师不是威廉姆斯老师，因为他们熟悉的老师不在，幼儿有种被抛弃的感觉。如果老师对幼儿很熟悉，就会了解幼儿的需要，了解幼儿要学什么就会很容易。师幼双方长时间在一起，都会从中受益。

目标

当教师无法到教室的时候，列一张可以请来代班的教师的清单，让他们为幼儿提供持续的照顾。

技巧

大部分幼儿园和早教中心都有一个代班老师的名单，当有人缺席的时候可以打电话叫他们。代班教师接受过培训，这些培训帮助他们理解幼儿的需要，理解遵循流程活动的重要性，也理解遵循教学计划的重要性。

一旦幼儿对同一个代班老师熟悉了，自己老师不在引起的焦虑也会减轻。如果教师事先知道自己要缺席，你可以说"布鲁斯老师明天会来，我打算星期一再回来，你们要保证帮助她完成一日活动哦！"

在教室中有一个幼儿了解并对其感到舒服的成人是非常重要的。同样，有些幼儿园会定期给幼儿换老师，称为"循环"或者"基本教学"。教了一个班的幼儿一两年以后，教师会重新返回去教年幼的幼儿，重新开始这个过程。

有效班级管理的要点

◆ 尽可能地让幼儿对新面孔有所准备。如果幼儿知道代班老师只来一两天，他们会更愿意回应不熟悉的老师。

47. 满足幼儿的身体需要

 问题

罗丝克老师上一学年的圆圈活动很成功，她相信今年幼儿也会积极回应。刚开始圆圈活动她就发现幼儿坐立不安走来走去，她坚持了一会儿，但最终意识到不得不停止了，幼儿现在需要的不是这个。

 概述

幼儿每天都需要身体活动，有些时候，他们需要更多的身体活动。

即使跟平常一样在操场上花了时间，如果幼儿还没有消耗完他们的活动精力，你还是无法将他们哄到需要倾听或坐下来的活动上。罗丝克老师做了正确的决定，改变了计划，满足了幼儿的身体需要。

 **目标**

满足幼儿的身体需要以便让他们能参与到预设的活动中，能让幼儿更具有社会性、更有感情地与其他幼儿互动。

 技巧

可以通过以下方法满足幼儿的身体需要：
- ◆ 每天带幼儿到户外开展运动。
- ◆ 组织长时间的室内游戏。
- ◆ 在集体活动时间允许短暂的身体休息。
- ◆ 开展符合幼儿年龄的运动。
- ◆ 开展包含身体动作的音乐活动。
- ◆ 控制需要对幼儿进行高监管的活动数量。
- ◆ 允许幼儿对身体运动提出建议。

有效班级管理的要点

- ◆ 除了运动的需要，幼儿的身体需要还包括充分饮水、摄取有营养的食物以保证身体健康。

48. 满足幼儿的社会性需要

 问题

幼儿的社会性互动跟教室中的学习活动同等重要。

 **概述**

吉米海姆斯是一名学前教育工作者，他说："2 岁幼儿最好的玩具是另一个 2 岁幼儿。"幼儿在社会交往中从对方身上学习，并且认识到社会性跟智力活动一样重要。帮助幼儿获得所需的社会技能有两条最佳策略：提供充分的社交时间和示范社交技能。

 目标

让幼儿参与社会性活动，有效地学习社会交往技能。

技巧

如何满足幼儿的社会需要？下面有一些参考建议：

◆ 提供充足的游戏时间（包括室内和室外），幼儿会自然地与别人发生互动。

◆ 当幼儿通过游戏来区分谁是需要帮助才能加入游戏的幼儿时，在旁进行观察。

◆ 向幼儿示范社会性行为（正式和非正式的）。

◆ 在集体活动中谈社会性行为。

◆ 通过手偶向幼儿示范适宜和不适宜的技巧，让幼儿说出哪种是适宜的，并说说为什么。

◆ 偶尔可以让社交技能好的幼儿跟社会性有待发展的幼儿配对，这样有利于社交技能弱的幼儿的社会性发展。

◆ 阅读介绍社会交往技能的儿童图书，例如马库斯·菲斯特的《彩虹鱼》，劳里·克拉斯尼的《怎样交朋友》。

◆ 向幼儿演示消极社会性行为的后果（例如，如果一个幼儿打了老师，老师可以假装哭起来）。

有效班级管理的要点

◆ 像大多数学习一样，学习社会技能也需要时间。对年幼孩子的发展要保持耐心。

49. 满足幼儿的情感需要

 问题

幼儿很难保持情绪稳定。他们有时候会哭闹、烦躁、发脾气、情绪化地回应他们所经历的事情。

 **概述**

幼儿需要花几年的时间才能管理他们的情绪。即使是年龄较大的幼儿，也会对激怒自己或让自己感到难过的事情做出情绪化的回应。年龄小的幼儿需要同情，还需要向他们示范如何处理情绪。教师有责任帮助年幼的幼儿管理情绪，特别是在学前教育阶段。

 目标

帮助幼儿学习管理情绪。

 技巧

当教师观察到幼儿很难过的时候，有以下选择来应对：

◆ 跟幼儿谈心，确定原因。
◆ 告诉幼儿别人很难知道他为什么难过，让他用语言表达。
◆ 如果幼儿不能用语言表达自己的问题，猜测可能引起他难过的原因（"你难过是因为玩具娃娃的衣服破了，是吗？"）。

◆ 如果问题能够解决，告诉幼儿怎样做能减轻苦恼。

◆ 当幼儿冷静下来后，跟他解释每个人都会经历各种原因的难过。让幼儿说出他的事情，告诉他只有讲出来才能让听的人明白哪儿出了问题。

当教师观察到幼儿管理自己的情绪时，应给予积极的评价。

 有效班级管理的要点

◆ 对生活中的事情有情绪反应是好的，当幼儿非常难过的时候，做好同情幼儿的准备。

50．促进幼儿的认知发展

 问题

幼儿入学后，家长希望幼儿能学到东西。立法委员会不断制定教师教什么、幼儿学什么的标准。满足幼儿认知发展是必要的。

 概述

由于幼儿天生具有好奇心，他们会主动学习。幼儿在幼儿园班级中学习，获得知识和技能，这些知识和技能是他们以后成为积极、有创造性的公民所需要的。

 目标

为幼儿提供多样的学习机会。

 **技巧**

幼儿通过许多方式学习。下面是给教师的一些建议：

◆ 准备活动应该简短、切题。

◆ 每个活动应设定具体的目标。

◆ 过一段时间评估幼儿的知识，以此来决定是否需要更多操作或额外的信息。

◆ 在教室里安排扩展正式学习活动的内容（例如，如果活动是关于农场里的动物的，在综合活动区就可以投放农场动物的图片，以便让幼儿对动物妈妈和动物宝宝进行一一对应）。

◆ 安排幼儿到田野中远足，进行直接学习。

◆ 在活动区增加玩具或设施帮助幼儿学习。

◆ 观察幼儿在活动区的游戏，了解他们在学什么。

◆ 坐在幼儿身边让其进行个别化学习，对幼儿提问从而了解他们知道什么。

◆ 过一段时间，在小组中请个别幼儿分享他们的知识。

◆ 通过图书和杂志向幼儿介绍各种信息。

◆ 邀请家长加入并与幼儿互动，交流他们感兴趣的话题。

◆ 鼓励年龄大的幼儿写下或者讲述故事，或者把他们所知道的杂志保留下来。

◆ 为幼儿的非正式学习保留清单或者记录。

 有效班级管理的要点

◆ 每天进行师生互动、同伴互动以保证幼儿的学习。幼儿与成人谈话时，可能并不理解听到的话，他们会内化成人分享的知识。幼儿与同伴谈话时，也会进行同样的学习过程。进行互动时每个人都能从别人身上学习到东西。

◆ 做好回答幼儿提问的准备，即使不知道答案也要提供信息，你可以这样回答:"这个问题的答案我不太肯定,我们到图书角寻找答案吧!"

51. 设计合理的活动流程

 问题

满足幼儿需要还包括设计能提供多种活动的流程,这些活动应强调全体幼儿的多个发展领域。

 概述

幼儿需要安静的时间、活动的时间、小组的时间、私人的时间、进餐的时间等。设计的常规流程应满足幼儿身体、社会性、情感、认知和创造的需要。

 目标

创设可预见的、合理的活动流程,培养幼儿可预见的行为。

 **技巧**

制订合理的活动流程可以遵循下面的原则:

◆ 期望幼儿能短时间地坐在小组中(20分钟是最长时间)。
◆ 安排好几段时间让幼儿参与自选活动(1个小时左右)。
◆ 牢记幼儿的身体、社会性、情感和认识需要。
◆ 户外游戏对幼儿身体发展是必不可少的。
◆ 流程应该是可预见的(每天遵循同样的流程)。
◆ 当重新安排流程时,对幼儿做出的反应要冷静、耐心和理解。

有效班级管理的要点

◆ 如果可能的话,任何流程的变化都要事先告诉幼儿。
◆ 跟其他教师、行政人员一起制订流程,以便跟别的班级配合。仔细地设计午餐、茶点和在图书馆、操场、体育室活动的时间。

52. 为紧急事件做好安排

 问题

没有人愿意教室或操场上发生紧急事件,但是意外总会发生,教师需要对这些意料之外的紧急事件做好准备。

 概述

如果教师对潜在的紧急情况保持警惕,可能会避免或缓解意外发生。仔细检查教室和操场的潜在危险是减少意外的第一步。

 目标

帮助每个幼儿明白出现紧急情况时该做什么,这样意外发生时,才能有效应对。

 技巧

跟幼儿在一起,若要避免紧急情况,可参考下面一些小贴士:
◆ 排除可能导致幼儿出意外的隐患,比如放在教室通道上的椅子。
◆ 让幼儿仔细检查环境,帮助排除危险的设施或隐患。
◆ 邀请安全专家加入,跟幼儿说说避免意外和事故的方法。
◆ 教室里备有急救设备。

- ◆ 邀请保健教师说说意外发生的时候她的责任是什么。
- ◆ 邀请急救人员向幼儿展示他们是如何救援的（例如消防员，在全副武装之后看上去会不太一样）。
- ◆ 教会幼儿"停，丢，爬"的技巧（发生火灾的时候）。
- ◆ 教会幼儿拨打110，并说出发生的紧急事件（在幼儿园或家里）。
- ◆ 组织火警演习或飓风演习，让幼儿学会发生紧急情况时该做什么。
- ◆ 跟幼儿做有关意外事件的情境游戏（讲故事或看图片，问他们这样的情况是否严重到要拨打110）。
- ◆ 提醒家长注意班级讨论的问题，以便他们在家也能跟幼儿说说可能遇到的意外或灾难。

 有效班级管理的要点

- ◆ 当在教室里讨论意外事件的时候，有的幼儿可能会感到害怕（也许先前有过火灾或意外的体验）。注意幼儿的反应，安抚那些在讨论期间需要关怀的幼儿。

53. 培养幼儿的专注力

 问题

有时候，幼儿不能遵守班级常规和流程，因为他们太好动，无法长时间把焦点集中在一个活动上。培养幼儿的专注力是一项需要思考和设计的技术。

 概述

幼儿来到教室，期望他们长时间坐着是没道理的。年幼的幼儿喜欢活动和探索周围的世界。等他们到了一定的年龄，才需要坐下来听从指导。

 **目标**

首先让幼儿一次参与一个教室活动，然后逐步延长参与活动的时间。

 技巧

当幼儿看上去要从"坐着"的活动（比如圆圈活动或讲故事）中逃跑的时候，试试下面的办法：

- ◆ 让他再坚持"一分钟"。
- ◆ 根据故事内容向幼儿提一个他能回答的问题。
- ◆ 让幼儿站起来摇摆身体一分钟，然后再坐下来。
- ◆ 温柔地触碰幼儿，提醒他再坚持一会儿。
- ◆ 唱幼儿喜欢的歌。
- ◆ 做出符合故事或圆圈活动内容的手势、声音以吸引幼儿的注意。

如果幼儿在选择活动区的时候遇到了困难，可以试试下面的技巧：

- ◆ 拉着幼儿的手跟他谈话，帮助他选择活动区。
- ◆ 让幼儿加入你的活动。
- ◆ 走到他喜欢的活动区，你开始跟那里的幼儿互动，待在那儿，直到那个犹豫不决的幼儿加入（或加入其他活动区）。
- ◆ 有时候，给幼儿配一个小搭档能帮助他对教室活动更有兴趣。
- ◆ 关注幼儿在各个活动区的活动，鼓励他待在最喜欢的活动区里。
- ◆ 如果幼儿比平常专注于活动的时间长，要给予承认和鼓励。

 **有效班级管理的要点**

- ◆ 幼儿需要有管理自身行为的机会。帮助他们选择喜欢的活动并坚持下去对幼儿的全面发展很重要。

54. 实践案例：安德鲁的故事

> **支持这个故事的原则**
>
> ◆ 班级管理需要教师处理好个别幼儿的问题行为。
> ◆ 当一种办法不灵时，试试其他办法。
> ◆ 有些幼儿反应很快，有些幼儿反应较慢，需要更多时间。
> ◆ 处理幼儿的问题时，尽可能多地与其家长沟通。
> ◆ 教师分享自己的经历有利于幼儿理解他们遇到的问题。
> ◆ 当幼儿还不会用语言描述自身的需要和担心时，他们需要成人示范如何表达自己的情感。
> ◆ 幼儿园以外的专业帮助有时也是必要的。
> ◆ 耐心和幽默是成功的幼儿教师所必须具备的特质。

正值早春，幼儿在用各种手工材料为教室做装饰壁画。朱迪·卡森——这些4岁幼儿的老师——对活动很满意，幼儿对新的手工材料很感兴趣。这时，朱迪发现安德鲁再次走进了积木区。安德鲁放弃任务和游戏了，他厌烦了，准备开始另一项活动，很快，他又会跑掉。

圆圈活动时间对安德鲁来说是一天中最困难的时候，他在垫子上坐不了5分钟就会跑去玩活动区的玩具。大部分幼儿都学会写自己的名字了，安德鲁却一直在动，从来不能坐下来写完。排队对安德鲁是困难的，在排队时，他经常不得不抓着老师的手。朱迪知道安德鲁很聪明，有比较强的语言能力，良好的辨别事物的能力，他能记住所有歌曲的歌词，在操场上展现了良好的大肌肉群运动技巧。朱迪知道自己需要采取一些新策略来应对安德鲁。最近，朱迪参加了一个学习小组，研究如何应对行为困难的幼儿，她准备把所学的东西应用于实践。

朱迪对安德鲁的行为问题进行了记录。她发现安德鲁主要的问题是从位置上站起来在活动结束之前离开活动。当有机会运动或唱歌的时候，安德鲁对活动要专注些。她还发现，安德鲁离开活动是为了有机会参加其他活动。

朱迪决定采取第一步，将音乐和运动与安德鲁觉得困难的活动相匹配，不仅在圆圈活动开头和结束的时候唱歌，还在整个圆圈活动中频繁穿插唱歌。她发现这能使安德鲁专注于活动，也有助于其他幼儿保持注意力。朱迪还开始在圆圈活动中运用手指游戏和大肌肉群动作游戏。当安德鲁有点坐立不安时，她会提醒说还有一个环节，大家就可以结束了。

朱迪重写了班级流程，她改变了自由游戏和更具结构性的活动。在结构性活动结束后，让幼儿自由活动，以此作为回报。

朱迪在圆圈活动开展"用你整个身体来听"，每天圆圈活动开始的时候，她都提醒幼儿用身体的七个部位来倾听，她还肯定了幼儿是非常棒的听众。

通过分析教室空间，朱迪意识到从学习区和工作台很容易看到活动区。她意识到这些活动区对安德鲁是很严重的干扰。她对教室进行了重新安排，对各种活动空间进行了更明确的分界。她还将诱人的玩具放到不明显的地方，这样幼儿在学习的地方就无法看到它们了。

在每次家长会上，朱迪都会与安德鲁的妈妈交流她对安德鲁不能专注于任务的担心。安德鲁的妈妈则表示她反对药物治疗，她们都认为药物治疗太早了。她们希望安德鲁能够在一年中成熟起来。在春天的家长会上，安德鲁的妈妈说有时候在家安德鲁能够专注地坐在椅子上完成任务。安德鲁的妈妈决定跟他一起坐在椅子上吃饭，安德鲁有一个习惯是感到厌烦的时候，就把食物拿到客厅，在电视机前吃饭。安德鲁的妈妈谈到她给安德鲁规定了一些家庭责任，比如负责倒垃圾。

对安德鲁的帮助计划并不是"快速解决问题的妙计"，也不是简单的教师行为。朱迪跟安德鲁在一起教他新的技能，同时也调整了教室环境和教学实践。安德鲁的妈妈支持并发展了一些在家帮助安德鲁的行为策略。尽管在学年结束的时候，安德鲁还是不能像其他幼儿一样长时间专注于任务，但他确实在不断进步。相信在老师和家长的帮助下，安德鲁一定能够成功！

第 5 章

营造关怀的社区

奥尔森老师环顾教室，发现雨果又在积木区搭积木了。"他喜欢搭积木，"奥尔森老师想，"我猜他长大以后会像他父亲一样成为一名木匠。"

大部分教师都有过类似的经历，通过观察幼儿在游戏和活动中的表现，把他们看成大人，教师能看到未来的城市领导、教师、政治家、消防员、外交官、工程师等。幼儿园教室就是幼儿生活的社区的缩影。

构建适宜的教室环境的目标之一就是构建一个关怀的社区。人生早期是灌输关怀、学会关心他人的最佳时机，应帮助幼儿理解他人的观点，培养他们的团体精神，引导积极的互动。本章所列出来的班级管理办法将有助于帮助幼儿发展日后幸福生活所需的技能。

55. 传授协商的技能

 **问题**

有时候，年幼的幼儿会发脾气、扔东西、撅嘴生气以得到自己想要的东西。这些办法既不能令人接受也没有效果。因此，教师需要教会幼儿通过协商得到想要的东西。

 **概述**

随着幼儿长大成人，他们应当掌握实现目标、获取所需物品的策略，协商技能在大部分商业、教育领域都是必要的。协商是很重要的技能。

 目标

通过示范和实践帮助幼儿学习协商技能。

 技巧

学习协商的最好办法是模仿成人的行为。下面有个例子：

马修开始发脾气了，因为他无法玩到班里的三辆自行车。怎么帮他？走到他身边，问他怎么了。他说，一辆自行车也玩不到，都被别人玩了。可以这样处理，问他有没有想过，可以问那些骑车的幼儿是否有人愿意轮流玩。

帮助幼儿解决问题的步骤如下：

(1) 帮助幼儿确认和理解他想要解决的问题。

(2) 提出改变现状的建议。同时，也可能是帮助他意识到问题无法解决。

(3) 让幼儿自己决定是否能做出改变。

(4) 帮助他确认并分辨出不可行的建议。

(5) 执行幼儿的选择。

这个过程对幼儿个体和群体都适用。下面是集体活动的例子：

一班 5 岁的幼儿知道音乐老师将会在常规的音乐活动时间内介绍打击乐器。他们想知道为什么他们不能参与打击乐器的演奏。他们的老师帕斯科建议幼儿给音乐老师写封信，询问她是否能重新审视或者改变她的决定。帕斯科老师协助幼儿明确了观点，他们觉得有必要改变原来的规定。

音乐教师来到幼儿园跟他们解释，这一学年她将音乐教育的目标集中在歌唱能力上。"明年我们将演奏乐器。"她解释说。幼儿很失望，帕斯科老师告诉他们，有时候协商并不意味着你能"让你的观点取胜"。

有效班级管理的要点

◆ 有些规则是无法协商的，在这种情况下，幼儿需要知道"不"意味着不可以。

56. 帮助幼儿学会轮流

问题

在学年之初，幼儿就应该学会轮流。

概述

年幼的幼儿也许没有轮流的经历，在教室中，材料和设施是有限的，幼儿必须学会轮流。

 **目标**

通过持续的提醒帮助幼儿学会轮流。

 **技巧**

轮流的责任感应该成为班级规则的基石。班级中的许多活动都需要轮流，比如：

◆ 玩班级材料和设施的时候。

◆ 在饮水机前饮水的时候。

◆ 在门口排队的时候（为了进入或解散）。

◆ 排队上校车的时候。

◆ 在各个活动区轮流。

◆ 在圆圈活动时学会轮流。

◆ 午饭时轮流挨着老师坐。

◆ 跟老师一起进行特别的活动（讲故事或需要成人协助的艺术活动）。

◆ 轮流完成班级杂务。

◆ 轮流当一天或一周中的送信员。

有效班级管理的要点

◆ 有的幼儿可能需要教师示范怎么做，他们才能明白轮流是什么意思。

57．帮助幼儿学会做决定

 **问题**

安迪在娃娃家说："我要一个鸡蛋，不，我不要鸡蛋。我要鸡蛋，不，不要。"几分钟后，他又开始重复。他的老师笑了。老师意识到他这个自

言自语的习惯是为了学会怎样做出决定。

概述

做出决定的过程在人生早期就开始了。在小时候学会做决定能帮助幼儿长大后做出适当的决定。

目标

支持幼儿做出自己的决定。

技巧

在年幼的时候就给幼儿做决定的机会，能帮助他们学会这项重要的技能。下面是创设"做决定"情境的小贴士：

◆ 首先，幼儿需要在两样物品或事件中做出选择。

例如：

- "杰克，你想听我讲故事，还是你自己玩拼图？"
- "你想跟大家一起到外面去，还是待在教室里听碟片？你不会一个人的，潘思老师会陪着你！"

◆ 确保选择是公平的。

适宜的选择

- "你可以跟同伴继续圆圈活动，也可以去跟里格玩。"
- "米奇，你在娃娃家里跟朋友玩得不太好，现在你的选择是美工区和杂货店。"

不适宜的选择

- "你可以跟同伴继续圆圈活动，或者坐到圈子后面的椅子上。"
- "米奇，你在娃娃家里跟朋友玩得不太好，现在你要么坐在椅子上要么去阅读角。"

◆ 不对幼儿的选择做评价。

适宜的选择

- "今天我们来投票决定，星期五去公园还是去市区。"（不对幼儿的选择做出评价）
- "布拉德，你可以选美工区或阅读区。"

不适宜的选择

- "今天我们来投票决定，星期五去公园还是去市区，去市区可以看到马、小丑和美丽的彩车。"（对游行的选择做了有感染力的描述）
- "布拉德，你可以选美工区或阅读区。我知道你喜欢美工区，我今天加了一些手指画。"

◆ 确保幼儿执行他们的选择。

- "米奇，你选择了美工区，所以你不能回娃娃家了，你现在需要做什么呢？"
- "布拉德，我很奇怪在阅读区看到你，你跟我说你要去美工区的，怎么了？"

◆ 确保幼儿坚持自己做出的选择。

- "早上投票的结果是12比4，星期五去市区。我们来说说这次旅行要准备些什么。"
- "你选择了今天跟里格一起玩而不是圆圈活动，让我看看你完成了什么。"

◆ 认识到幼儿和大人一样，有时也会改变主意。

- "好吧，布拉德，我理解你改变待在美工区的主意了，下次，你可以告诉我，让我知道好吗？你在阅读区看什么书呢？"

◆ 帮助幼儿理解有些选择是好的，有些是不好的。

- "孩子们，今天上午我们花点时间来说说健康食物和不健康的食物。"
- "米奇，拿别人的玩具是你做出的选择，但这是最好的选择吗？"

◆ 向幼儿说明选择的结果。

- "孩子们，今天你们决定星期五去观看游行，去观看游行的话，有哪些重要的事情是我们要想到的？"你也许要帮助幼儿进行头脑风暴，关于交通、穿过拥挤的人群、安全、找到欣赏游行的好位置等。

区域活动是提供给幼儿选择和让幼儿做出选择的。更多信息参见第3章讲到的"提供选择的机会"里面关于为幼儿提供选择的内容。

 有效班级管理的要点

◆ 幼儿经常做出感性的选择，教师的目标是帮助他们过渡到做出理性的选择。

58. 帮助幼儿理解他人的观点

 问题

由于学前儿童具有自我中心意识，他们首先考虑的是自己，因此可能会伤害到他人的身体或情感，他们并没有考虑到行为的后果。

 **概述**

年幼的幼儿需要了解关于他人观点的信息，包括别人的感受或别人如何理解某件事。构建强有力的班级共同体是学前教育的奠基石。

 目标

帮助幼儿理解他人的观点。

 **技巧**

教会幼儿考虑别人的观点并不容易，下面是一些班级中的例子：
◆ 一个方法是把幼儿的感受告诉别人。

- "伯尼,你看奥兹多难过!我看到你把她的书拿走了,她生气了,现在我们知道是什么问题了,该怎么解决呢?"
- "克莱尔,你跟莫尼卡说不许她跟你和小伙伴玩的时候,她哭了。我们来说说怎么处理这个情况。"
- "浩易,你在教室里走来走去,胳膊撞到小伙伴了,你觉得他们是什么感受?"

◆ 另一个方法是帮助幼儿说出自己的感受。
- "道格,金想跟你说说今天你在积木区是怎么对他的。金,你想说什么?"
- "菲尔,我知道你生芭比的气了,我和你一起去跟她说你生气了!"
- "希瑟,不要哭了,我们一起去找布兰迪,说她把你的美工材料拿走了,这让你很生气。"

◆ 第三个方法是帮助幼儿说出自己的感受,而教师不介入。
- 金柏尔老师注意到汉娜和布瑞特妮发生了分歧,她听到汉娜说:"让我一个人待着,你总是咬我!"
- "嘿,停下来!"布莱克老师听到从积木区传来的声音,是格夫和卡格在自己解决问题。
- 布莱士赫尔老师看到布兰登一个人待着,对他说:"我注意到你和朗思拉着一辆小汽车不放,但是后来你们分享了那个玩具。"

◆ 第四个方法是安排小组讨论,讨论伤害别人的词和身体动作。
- "我们说说看,布斯特想要玩布莱斯正在玩的拼图,什么办法能让他得到拼图?"
- "今天,我发现班级里有人扔玩具而不是玩玩具,为什么说这是一件不好的事情?"
- "在户外时间,我听到咱们班有的小朋友叫别人的外号,为什么不好好叫名字呢?我们为什么要纠正?"

◆ 写信或打电话给家长以得到家长的支持,鼓励幼儿考虑其他幼儿的感受和观点。

有效班级管理的要点

◆ 学习和理解他人的观点是一项持续的挑战。幼儿需要持续的指导来学会包容别人、理解别人的感受。

59. 帮助幼儿学会用适宜方式得到想要的东西

 问题

幼儿随便拿别人的玩具、用不适当的方法加入游戏都是不好的行为，怎样帮助他们学会不用攻击性的行为得到想要的东西呢？

 概述

幼儿像成人一样，学会使用外交和协商技巧很重要。

 目标

教会幼儿用温和的方法得到想要的东西，帮助他们接受否定的回应。

 **技巧**

下面是帮助幼儿得到想要的东西的建议：

◆ 向幼儿示范适宜的行为。

- "我们跟保罗说说玩一会儿神奇画板，他已经玩了一个早上了。"

◆ 帮助幼儿运用适宜的行为。

- "我会跟你一起去问杰里米，等他玩好了能不能让你玩一会儿三轮车，这样能帮到你吗？"
- "如果你想买新玩具，最好的办法是存钱买一个。我帮你给妈妈写一张便条，看在家里你可以做什么事来挣钱？"

◆ 帮助幼儿协商出一个满意的结果。
- "保罗说他再玩10分钟的神奇画板,我会看着,等10分钟到了告诉你们俩。"
- "米希尔,我知道你想看完这本书,你看完的时候保证把这本书给凯米好吗?凯米,你觉得怎么样?"

◆ 有必要的话,建议其他活动。
- "托德,三轮车现在玩不了,还有三个人等着呢,我们找找其他可以在沙地上玩的玩具!"
- "梅琳达,我知道你想玩玛丽的玩具,但这是她的,她从家里带来的。我们从教室里再找一个玩具玩吧!"

◆ 组织小组讨论怎样得到想要的东西。
- "我们都想得到喜欢的东西,我们来说说有什么办法能得到。"(年龄大的幼儿会进行头脑风暴提出适宜的办法:存钱把想要的东西买回来,把想要的东西当成生日礼物或者假期礼物,去跳蚤市场等)
- "小朋友们,当你决定想要什么东西的时候,为什么有时候需要等候?"(年龄大的幼儿能理解"延迟满足"的概念)

◆ 与幼儿进行个别讨论。
- "克里斯,我知道你不高兴,因为你没能去图书馆,我们谈谈在教室里你可以做什么。"
- "我注意到你很喜欢美工区好看的记号笔,你开始存钱准备也买一个了吗?"

◆ 帮助幼儿面对现实。
- "在我们班,我们规定了每个活动区的人数。现在手偶区有三个小朋友了,你们能去别的区玩吗?"
- "我知道你的好朋友今天不在,但你还是可以选择参加班级的活动,而不是一个人坐在那儿。"

有效班级管理的要点

◆ 告诉幼儿一些关于得到或者得不到你想要的东西的个人经历,这能帮助他们理解:并不是总能得到想要的东西。

60. 帮助幼儿学会加入游戏

 问题

有的幼儿在入园之前并没有太多跟别人一起玩的经验。他们需要接受怎样跟别人一起玩的指导。

 概述

幼儿最终能学会:其他幼儿不喜欢别人攻击性地加入游戏。幼儿能学着巧妙地加入游戏,并愿意在跟别人玩游戏时遵照"付出和索取"的要求。

 **目标**

教会幼儿加入游戏情境,有助于教会他们一些以前没有学过的社会技能。

 技巧

帮助幼儿加入游戏情境的建议包括:
◆ 向幼儿示范适宜的行为。
  ● "你知道,当我想加入同伴们时,我会走到他们面前说:'我能加入你们玩一会儿吗?'你有没有试过这样问?"
  ● "跟我来,我告诉你怎样加入娃娃家的游戏,这样说:'嗨,萨拉、弗洛，我想跟你们一起玩，我也当姐姐可以吗？'"
- ◆ 协助幼儿成为游戏情境中的一员。
  - "玛丽，我跟你一起去看看娃娃家小组能不能让你加入他们的游戏。"
  - "杰克告诉我他也想玩橡皮泥，桌子边上有位置，你觉得怎么样？"
- ◆ 帮助幼儿协商加入游戏。
  - "你知道，克拉丽莎，这些小朋友在玩过家家游戏，你能扮演什么家庭成员呢？为什么不做妹妹呢？"
  - "玛丽·弗郎西丝说她愿意做家里的宠物，你觉得你可以接受吗？"
  - "罗伊是一个伟大的桥梁建筑师，他想加入，跟你一起玩积木，你愿意给他一个机会造一座大桥吗？"
- ◆ 如果有必要，向幼儿介绍协商技巧。
  - "是的，罗伊，我听到积木区的小朋友说'不'了，但是你告诉他们你是多么伟大的造桥者了吗？"
  - "你有没有建议做家里的宠物？娃娃家的小朋友可能不需要姐姐妹妹了，你有没有试过当一个宠物？"
- ◆ 如果幼儿不成功，帮助他们接受现实。
  - "好吧，我理解为什么娃娃家的小朋友说'不'了。因为他们家已经有太多孩子了。你可以先干点别的，等娃娃家有空了再去。"
  - "游戏时间马上就结束了，三轮车一直有人在玩，你去玩点别的什么吧。"
- ◆ 如果有必要，建议可选择的游戏活动。
  - "当我找不到人陪我一起去看电影的时候，我会自己去，一个人玩也可以很有趣。"
  - "薇琪刚才在等人跟她一起玩垒高玩具，为什么不问问她能否跟你一起玩？"

有效班级管理的要点

◆ 有的幼儿愿意自己玩。社会技能伴随着幼儿发现最喜欢的游戏而不断涌现。

61．帮助幼儿学会解决同伴间的问题

 问题

史密斯老师在学年初注意到，不管克雷和强尼在哪个区，两人都会发生摩擦。他们对彼此尖叫，有时还会打对方。她认为需要指导他们如何处理自己的问题。

 概述

干预和制止打架只是一时的解决办法，从长远来看，教会幼儿解决同伴间问题的技能是有利的。

 目标

教会幼儿解决同伴间问题的策略，帮助他们在实践中应用这些策略，以便学得更好。

 技巧

史密斯老师按照下面的步骤帮助克雷和强尼：

◆ 第一步：让幼儿意识到存在问题。
  - "好啦，小伙子们！让我们停下来！我注意到每当你们俩在一起时就要打架，我们谈谈这个问题。"

◆ 第二步：让每个加入的幼儿都说一说问题是什么。

- "强尼,你觉得你和克雷之间的问题是什么?"
- "克雷,你觉得强尼说的对吗?你是怎么想的?"

◆ 第三步:一旦确定了问题,生成解决问题的办法。
- "强尼,你觉得你该怎么解决问题?"
- "克雷,你解决问题的办法是什么?"

◆ 第四步:达成一致的解决问题的办法。
- "我认为你们俩找到了一个好办法,当你们俩都生气的时候,换一个活动区可以避免打架,我们试一试看能否解决问题。"

◆ 第五步:如果有需要,再次判定问题,开展头脑风暴。
- "强尼和克雷,我注意到你们在游戏区相处得比以前好了!你们觉得你们的办法有效吗?"

◆ 第六步:回顾解决问题的步骤,再遇到同样的问题时也使用这些策略。
- "让我们回顾一下我们是怎么解决问题的,在其他情况下也能这样做吗?"

教师可以在教室的墙壁上列一张表来确定说明问题的步骤,这些最佳的策略应该让每个幼儿都知道。

◆ 解决问题
(1) 确定问题;
(2) 谈论问题;
(3) 讨论办法;
(4) 达成一致;
(5) 付诸实践;
(6) 检验办法是否有效。

 有效班级管理的要点

◆ 在幼儿完全自如应用之前,需要教师大量示范解决问题的策略。

62. 帮助幼儿学会控制自己

 问题

赞恩发脾气了,当他不能随心所欲的时候,他打了他的小伙伴,他的破坏性行为导致了全班的混乱,教师观察到赞恩被小朋友排斥在外了。

 概述

尽管赞恩的老师跟他谈论了适宜的行为,他还是继续发脾气。幼儿应当而且必须学会自我控制。教师怎样做才能帮助他解决问题呢?

 目标

持续地、尽可能多地传授策略,教幼儿学会自我控制。

 技巧

当幼儿像赞恩一样表现出破坏性行为后,可以试试下面的技术:

◆ 向幼儿传授自我控制的策略。让他们不断重复"我能管住我的手"或者"我能保持冷静"。

◆ 鼓励幼儿感觉到自己快要失控的时候从游戏情境中转移。

◆ 跟有情绪问题的个别幼儿约定一个私人的暗示信号。如果他们能管住自己,抓住他们的眼神,给他们打一个"没问题"的手势;如果他们不能管住自己,对他们点点头传递你的关心。

◆ 如果问题一直存在,考虑跟幼儿订一份合约,如果幼儿能在某一段时间管得住自己,就给他们一个特别的奖励。如果他们达到合约要求,写一份新合约将时间延长到两天或三天,或对幼儿合适的任意长时间。

◆ 如果有必要，每天早上问问容易发脾气的幼儿，感觉到自己要失控的时候想要做什么。

◆ 如果幼儿在游戏中控制住自己了，要对他们进行积极的评价。可以在大家面前评价，也可以私下评价。给家长写一张便条也是不错的主意。

有效班级管理的要点

◆ 如果上述策略不管用，向幼儿的家长建议游戏疗法或者其他专业干预。

◆ 有的幼儿并不回应班级讨论和建议。坚持对有行为问题的幼儿付出额外的耐心和使用专业技能。

63. 帮助幼儿学会放松

问题

瑞曼的老师注意到他在拼图的时候很有压力，不时大叫。老师急忙走到他身边、抱着他以免他继续尖叫。

概述

如果遵循下面的建议，幼儿不仅能减轻压力，还能学会减压的个人策略。

目标

提供各种技巧，帮助幼儿冷静下来。

 **技巧**

下面的方法能帮助幼儿学会放松：

◆ 如果有必要的话，抱着幼儿，用平和的方式跟他谈话，让他冷静下来。

◆ 让幼儿深呼吸，跟他说："你看上去有点压力，让我们把它赶走，深呼吸，看着我做，然后你自己试试看！"

◆ 问幼儿是否知道自己有压力。提供些减轻压力的选择（下面的技能应该有用）。

◆ 拉着幼儿的手，从有压力的情境中离开，说："当我感到有压力的时候，我会走开几分钟，这样做通常都能帮我冷静下来。"

◆ 示范一些幼儿可以做的身体活动，帮助他保持冷静，比如抓一抓后脖颈、太阳穴，或者让别人给他的肩膀、后背做按摩。

◆ 告诉幼儿哼唱或者给自己唱歌可以减轻压力。

◆ 集体活动能帮所有幼儿排除压力，比如在地板上躺一躺或者深呼吸，闭上眼睛想象平静的画面，例如海边或者美丽的花园。

◆ 在教室里放一把摇椅，幼儿有压力的时候可以坐一坐。

◆ 确保幼儿吃饱、不口渴，满足他们的身体需要能减轻压力。

◆ 遵循班级常规，当幼儿不能按照日常习惯和流程生活时会产生压力。

 有效班级管理的要点

◆ 在幼儿的生活中，有些有压力的事情可能超出教师的控制，跟家长谈一谈，帮助幼儿避免压力。

64. 帮助幼儿学会面对失望

 **问题**

不管成人还是幼儿，所有人在生活中都要面对失望。经历失望的时候，大多数成人都有自我保护策略来帮助自己。

 **概述**

学会接受失望是学会生活的一部分。真相是残酷的，但幼儿需要经历失望，只有这样才能成为心智健全的青少年和成年人。在人生早期学会应对失望有助于成长。

 **目标**

教幼儿理解失望的时候，帮助他们学会做出积极的回应。

 **技巧**

考虑这些步骤：

(1) 跟幼儿谈心，找到失望的根源（通过先前的观察可以得到）。

(2) 解释为什么会存在这样的情况。例如，"我们的操场上只有一辆四轮车，欧格拉和美琳达现在正在玩。"

(3) 问问幼儿其他的选择是否满意（或者向幼儿建议另一个选择）。

(4) 如果幼儿同意别的选择，问题就解决了。然而，有的幼儿还会继续撅嘴或哭泣，跟他解释这样做不会改变现状，你可以这样说："你这样会让自己很不开心，如果玩别的玩具也许你会高兴！"

有效班级管理的要点

◆ 帮助幼儿处理失望的问题也许需要了解不同情况下的失望问题。

65．处理幼儿的告状

问题

幼儿互相告状有各种原因。不管是什么原因，都会让成人感到沮丧。

 概述

为了避免告状，告诉幼儿一个可以用来阻止另一个孩子消极行为的方法。

 目标

教会幼儿在其他人的行为影响到自己的时候该说什么。

 技巧

下面列举了一些回应的办法，教会告状的幼儿解决问题：

◆ 埃里森走到老师面前说："玛蒂打我。"

回应："告诉玛蒂你不喜欢被打！"

◆ 凯特林报告说杰米说了脏话。

回应："你有没有告诉他这样讲在教室里是不适合的？"

◆ 拉里跟老师说："林安偷了我的铅笔。"老师问："你看到她偷你的铅笔了？"他说："是。"老师让他去跟林安说，让她把铅笔归还。

◆ "德文没在造桥！"艾比告状了。

回应："提醒他积木区的规则。"

◆ 巴内特从操场上回来后这样宣称:"乔伊说了脏话,老师!"

回应:"他说脏话的时候,你对他怎么说的?""我告诉他这不是一个好词!""你真棒!"

有效班级管理的要点

◆ 帮助幼儿在处理班级问题时更有决断性,而不是靠告状。

66. 应对说脏话的幼儿

问题

东尼说了脏话,这让他的老师很吃惊。他说出的每一句话几乎都有脏字。尽管杜波西老师告诉他这是不适当的话,他还是整天说脏话。

概述

并不是所有家长都会告诉幼儿:有些话是无法接受的。大部分教师都不允许在教室里说脏话。正如幼儿要控制情绪一样,他们还必须控制自己说的话。最终,幼儿能够不说那些被认为"坏"的话。然而,要消灭这种不好的习惯需要几周或者几个月的时间。

目标

运用策略消除班级中说脏话的现象。

技巧

跟年幼的幼儿在一起,消除说脏话的现象需要一些策略,比如:
◆ 首先,跟幼儿个别交流在教室里什么是可接受的话,什么是不可接受的话,告诉他:"这种话在幼儿园里不能说!"

- 如果问题还存在，跟幼儿的家长谈一谈，以得到他们的帮助。
- 有些话已经深入幼儿的脑海中，他们都没有意识到说了这些话。为了帮助幼儿消灭不好的行为，可设立一系列奖励手段。"如果你能一小时不说脏话，我会在这个宝宝饭碗里放 1 个纽扣。如果你今天得到 5 个纽扣，你能带回家一个特别的证书，你妈妈看到了会很高兴。"或者用这样的奖励："如果你得到了 5 个纽扣，今晚你可以选择最喜欢的玩具带回家！"。
- 如果其他幼儿报告了某个幼儿说脏话，应告诉他们该说什么，比如："嘿，那可不是一个好词！"

有效班级管理的要点

- 帮助幼儿习得社会接受的技能，这对他们今后成为社会公民很重要。

67. 应对撒谎的幼儿

问题

冈萨雷斯老师很吃惊，她听到雅各布跟另一个幼儿说幼儿园从来没有点心时间。"为什么这么说？雅各布，我每天都安排了点心，但你选择不吃，可是我们大家确实都吃了！"

概述

幼儿在早期就学会了诚实和不诚实。冈萨雷斯老师将雅各布和同伴的讨论视为说谎。年幼的幼儿通常用自己的感知对世界进行定义。尽管每天早上冈萨雷斯老师都提供了全麦薄脆饼和牛奶，但雅各布选择不吃，并且把他的选择解释成班里从来不吃点心。

 **目标**

帮助年幼的幼儿学会诚实,学会处理他们行为的结果。

 **技巧**

当幼儿撒谎的时候,按照下面的步骤帮助他们改掉这个不好的习惯:

(1) 从幼儿的角度看问题,幼儿到底是在说谎,还是对生活事件的误读?

(2) 是不是幼儿的想象?一些有创造性的幼儿喜欢编故事。帮助幼儿意识到,你已经知道这是个故事了——一个有趣的、编造的故事。

(3) 如果幼儿故意撒谎,用事实来纠正。私下里跟幼儿谈谈说谎的问题,并且讨论说谎的后果。

(4) 如果说谎的问题是全班性的,跟他们讲"狼来了"的故事。

 有效班级管理的要点

◆ 教师要说真话,为幼儿树立一个良好的榜样,此外,要记住对幼儿的许诺。

68. 应对偷东西的幼儿

 问题

贝蒂斯特老师发现她的班里有一个小偷。丹尼尔报告说他买点心的钱不见了,罗伯特说他的新记号笔不见了,贝蒂斯特老师相信幼儿是诚实的,但她也知道年幼的幼儿有时候会偷东西。她想找出答案,看谁该对这些事情负责。

 **概述**

有些幼儿会偷东西。有时，他们的个人欲望会使他们忽视财物属于别人，他们看到一件有价值的东西就拿走了——特别是当这件东西看上去没有主人的时候。

 **目标**

让幼儿学会不拿别人的财物。

 技巧

下面这些小贴士能帮助教师发现谁是肇事者，取回被偷的东西又不让幼儿有沉重的内疚感：

◆ 偷东西的幼儿通常不会把东西藏得很好。环顾教室来寻找丢失的物品。

◆ 想想幼儿单独待在教室的时间。这是幼儿最有可能拿别人东西的时机。

◆ 丢失的财物找到后，悄悄地问可能偷了东西的幼儿：这个东西是否属于另一个幼儿。

◆ 记住一条重要的美国式原则：除非证明有罪，否则被告无罪。如果幼儿承认是他做的，行为的后果是他必须物归原主。

◆ 如果幼儿撒谎来掩盖自身的行为，可通过与其家长交谈进行深入的调查。

◆ 如果幼儿确实偷了东西，私下跟他谈论这个问题。提醒幼儿有些玩具很像，也许他是误将别人的玩具当成自己的了。

◆ 与家长和幼儿合作，避免偷了别人东西还能有特权。跟家长说说有关幼儿自我中心的想法，说明他们需要尊重他人的财物，这样能缓解困局。

有效班级管理的要点

◆ 即使行为未被发现，大部分幼儿也都会有内疚感。私下跟幼儿讨论他们的行为，而不是谴责他们，能阻止这种事情再次发生。

69. 应对手淫的幼儿

 问题

珀金老师注意到福利西亚开始手淫了。由于福利西亚的年龄（3岁）还小，她并不担心这是一个潜在的情感问题的信号，如果年龄大一些的幼儿这样做可能就需要老师担心了。首先，珀金老师决定转移福利西亚的注意力，如果持续出现这种行为就需要加强关注了。

 概述

3岁的幼儿尝试手淫是正常的发展，年幼的幼儿需要理解在愉快的体验中，他们不需要感到害羞或愧疚。

 目标

帮助手淫的幼儿理解这件事是应该私下在卧室做的。

 技巧

帮助手淫的幼儿的办法如下：

◆ 转移他的注意力，给幼儿一些需要用手做的事情（玩球、拿玩具或者参加美工活动）。

◆ 如果幼儿还是继续公开手淫，把他带到一边跟他说这是私下在卧室里才能做的事情。

◆ 避免让幼儿感到丢脸或者被轻视,幼儿需要理解手淫是正常的,但是应该是私人的经历。

◆ 如果幼儿一直手淫的话,应跟家长谈谈,告诉他们教师在教室里是如何处理这样的问题的,鼓励家长跟幼儿解释手淫是私人的经历。

◆ 用发展的观点来看,幼儿很快就不会手淫了。如果幼儿在教室里持续有手淫行为,也许存在更深层的问题,需要联系专家、家长帮助幼儿共同解决问题。

有效班级管理的要点

◆ 年龄大的幼儿如果公开手淫可能有着严重的潜在情感问题或者是遭受了虐待。观察其他的信号也许会发现幼儿受到了性侵犯,遵照国家和幼儿园的规定报告你的猜测。

70. 召开班级会议来讨论班级问题

问题

如果教师注意到违反班级规则的事情不断发生,那么跟幼儿花点时间讨论一下这个问题。

概述

当许多幼儿做出不适宜的行为时,班级会议也许可以提醒他们为什么要建立班级规则。班级会议会提供两种可选择的行为供幼儿讨论。当不适宜的行为发生时,幼儿会互相提醒。

 **目标**

帮助幼儿学会集体讨论问题，提出选择解决问题。

 **技巧**

一旦发现班级规则总是被打破，应尽快把幼儿召集在一起。将问题描述给幼儿听，让他们记住为什么要有规则，如果幼儿记不住，就要提醒他们。

然后让幼儿进行头脑风暴，确保遵守规则。把这些写在图表上，这可能对有的幼儿有帮助。第二天，提醒幼儿他们集体讨论过，让他们记住遵守班级规则的选择。

幼儿游戏的时候观察他们，如果有必要，提醒个别幼儿。

 有效班级管理的要点

◆ 有时候，规则并不起作用。例如，幼儿们不管在教室里还是在户外，都喜欢扔球，在这种情况下，把球从教室里拿走，以免幼儿在教室里扔球既让你感到厌烦又不安全。

71. 引导幼儿学会关心别人

 **问题**

如果幼儿在集体中的经历很少，那么他们关心别人的能力也会很有限。年幼的幼儿是以自我为中心的，在考虑别人的时候总是先考虑自己。

概述

在整个学前教育阶段帮助幼儿去除自我中心是很重要的教育目标。

 **目标**

在班级中发展"关爱的社区"的概念。

 **技巧**

下面是帮助幼儿去除自我中心的办法：

◆ 表现出对班级中全体幼儿的兴趣。

◆ 跟幼儿解释为什么有人缺席，或者为什么有人哭了，帮助他们理解每个人都有同样的感情和问题。

◆ 给住院的幼儿写一张班级卡片，鼓励每个幼儿都这么做（或者在美工区做一张卡片）。

◆ 当缺席的幼儿重新回来时，向幼儿们展示什么是适宜的回应。

◆ 给幼儿读一些表现幼儿关心别人的书。

◆ 看到幼儿关心同伴时，做出满意的评价。

◆ 询问幼儿的父母是否观察到幼儿关心别人（例如他们的兄弟姐妹），把你从家长那听到的事情告诉班里的其他幼儿。

 有效班级管理的要点

◆ 玛丽亚·蒙台梭利教孩子"对待别人要像你希望他们对待你一样"。尽管是出自基督教教义，但这条精神超出了所有信仰，把焦点放在了用同样的方式关爱自己和他人上。

72. 教幼儿学会无私

 **问题**

在童年早期,幼儿就打下了与他人积极互动的基础。教师怎样教幼儿学会无私呢?

 **概述**

大部分成人选择工作和个人追求,是因为他们享受这些活动。伸出援手帮助别人是无私的,这让成人感到很舒服。应从童年时期就开始学会无私,聪明的教师会示范无私的行为并鼓励班里的幼儿也这样做。

 **目标**

辨别和鼓励无私行为的发展。

 技巧

帮助幼儿学会无私的建议包括:
- ◆ 谈论你帮助朋友的时候是什么感受。
- ◆ 组织集体讨论,谈谈幼儿帮助别人时的感受。
- ◆ 观察到幼儿为朋友做特别的事情时,让他说说自己的感受。
- ◆ 鼓励家长跟幼儿说出自己无私的感情。
- ◆ 邀请志愿者说说他们是怎么帮助有困难的人的。讨论这种无私的感受。

有效班级管理的要点

- ◆ 无私是一种抽象的原则,它根源于积极的情感,幼儿在童年早期就有这样的情感。帮助幼儿区分情感,发现无私。

73. 避免使用否定性语言："不，不要，停"

问题

跟幼儿在一起会变得很感性，你会发现自己陷入了否定的循环。当你变得消极了，幼儿也会跟着变得消极反抗。

概述

仔细想想你在班级里使用的语言。如果你经常使用"不"、"不要"、"停"时，请改变你的语言，改成反映积极情绪的话。

目标

监测否定语言的使用频率，减少在教室中使用否定性指导语，强调班级事情的时候使用积极的指导语。

技巧

检测自身语言的方法包括：

◆ 关注一天中最有压力的时候，这也是最有可能使用否定语言的时候。

◆ 数一数你一个早上或者一个下午说"不"、"不要"、"停"的次数。用便条和铅笔计算，或者用把硬币从一个口袋转移到另一个口袋的方法计算。

◆ 考虑用积极的语言引导幼儿。（参考下表）

建议可选择的语句

否定的话	肯定的话
不。	等一等。 我们会看到的。 小心。 记得要_____。
不要____。	我们到那儿去吧。 小心_____。 我们这样做吧。 帮我_____。
停下来。	_____不是用来_____（如：椅子不是用来扔的）。 冷静下来。 请到这里来。 (幼儿的名字)，规则是什么？ 你应该做什么？

◆ 如果你每天早上说了超过五次否定的话，那么为自己设立一个个人目标，来减少否定的话。继续计算并记录你使用"不"、"不要"、"停"的次数。

◆ 在监测的同时，仔细考虑一下你的表情，眼神能表达很多意思。

◆ 如果你能控制讲否定的话的次数，给自己一些喜欢的东西或者特别的对待作为奖励。

◆ 积极地指导幼儿，而不是用"不"、"不要"、"停"，可用下面的指导语：

　● 记得做……

　● 我们需要……

　● 摩根（幼儿的名字），等一等……

　● 我们来做这个吧……

　● 现在我们应该……

　● 你需要做……

有效班级管理的要点

◆ 在行为发生之前控制要比行为发生之后做反应有效得多。如果你对幼儿的行为很清楚，知道会发生什么类型的问题，可以在幼儿出现问题之前提醒他们该怎么做，这可以避免使用"不"、"不要"、"停"等否定的词汇。用积极的态度能帮助幼儿保持积极性。

◆ 最初你可能会对自己说"不"、"不要"、"停"的次数感到吃惊，如果你整天都在紧急情况中使用这些词，就需要检查一下教室环境了。应确保教室能让幼儿安全探索，并且在游戏活动的时候不必持续地提醒或训斥他们。

74. 实践案例：塔玛拉的故事

支持这个故事的原则

◆ 班级管理需要教师处理好个别幼儿的问题行为。
◆ 当一种办法不灵时，试试其他办法。
◆ 有些幼儿反应很快，有些幼儿反应较慢，需要更多时间。
◆ 处理幼儿的问题时，尽可能多地与其家长沟通。
◆ 教师分享自己的经历有利于幼儿理解他们遇到的问题。
◆ 当幼儿还不会用语言描述自身的需要和担心时，他们需要成人示范如何表达自己的情感。
◆ 幼儿园以外的专业帮助有时也是必要的。
◆ 耐心和幽默是成功的幼儿教师所必须具备的特质。

"整理歌"结束了，芭芭拉叫塔玛拉离开娃娃家，因为已经到圆圈活动时间了，当芭芭拉再次叫她的时候，塔玛拉开始哭了。芭芭拉知道下面会发生的事情,塔玛拉会坐在地板上哭,把玩具拿在手里,并大叫:"不!不! 不要。"当芭芭拉走近塔玛拉,拉着她的手引导她加入圆圈活动中时,塔玛拉会倒在地板上,又踢又叫大发脾气。这些片段在芭芭拉所教的3岁幼儿的班级里发生得太频繁了。芭芭拉决定做出改变,于是她参加了两天的研讨会,学了许多新的处理行为问题的策略。她还了解到并不存在神奇的解决办法,行为矫正需要知识、时间、精力和创意。

芭芭拉开始在一个星期里持续观察塔玛拉。她记下了塔玛拉什么时候发脾气,什么时候不发脾气,发脾气前发生了什么事情,后来发生了什么。芭芭拉发现,塔玛拉主要是在过渡环节发脾气。发脾气主要是因为要玩玩具或者继续她想要参加的活动——不想改变正在进行的活动。塔玛拉的行为有一个固定的模式:哭泣、语言拒绝,然后躺在地板上,最后发脾气又踢又叫。如果得不到她想要的,她的行为就会自动升级。

芭芭拉采取的第一步是用图片制订班级流程。在每天早晨,她会跟幼儿讨论当日的计划。在每项活动开始之前(圆圈活动、区域活动、户外活动、手工时间、点心时间)芭芭拉都通过相关的图片展示他们接下来要做什么。当她唱完了整理歌,就开始谈论下面的活动,她始终保持自己的语气积极、幽默。她跟塔玛拉比赛谁在区域中整理的玩具最多,还表扬了塔玛拉做得多么好。

在操场,芭芭拉在进教室之前开始以小组(包括塔玛拉)的形式展开一种常规锻炼,让幼儿模仿芭芭拉跳、跑、伸展、踢腿和鼓掌的动作。然后幼儿跟她一起学小兔子跳向教室的门口。芭芭拉提醒幼儿,做完这件事情后他们要吃点心。总而言之,这些策略看上去对塔玛拉很管用,她发脾气的次数减少了。

在家长会上,克拉克夫妇,也就是塔玛拉的父母,说她在家里还是经常发脾气。芭芭拉和家长还担心塔玛拉语言发展的迟缓,她快4岁了,只能说两个词的句子,她还会丢掉尾音,口语发音的数量也有限。芭芭拉和家长都希望塔玛拉在幼儿园的语言经历能加强她的词汇和语句结构掌握能力。尽管她发脾气的情况好转了,但仍然在"使用自己的话"上有困难，不利于表达自己的需要。塔玛拉的家长决定带她到口语病理学家那里进行评估。评估之后，塔玛拉开始治疗语言和发音迟缓。

塔玛拉的母亲——克拉克夫人在教室里悄悄地观察，看芭芭拉如何处理塔玛拉的行为。看到塔玛拉在教室里很好地遵守常规和指导，克拉克夫人很吃惊，跟芭芭拉谈论塔玛拉的行为时，芭芭拉描述了塔玛拉通常在环节转换的时候遇到困难，也描述了她从哭泣到躺在地板上、再到彻底发脾气的升级过程。芭芭拉还说发脾气可以在哭泣阶段就避免。芭芭拉介绍了为了避免塔玛拉发脾气，她所做的班级调整：图片式的时间表、模仿运动、做整理游戏、设置时间、做出改变之前讨论流程。

在家里，塔玛拉以扔东西发脾气来得到她想要的东西，比如玩具、食物或者活动。在商店收银台，她哭着说要糖，妈妈跟她说"不行"，她就会大哭。如果还没有用，她就开始踢东西并大叫，商店里每个人都会看她，妈妈跟她说："如果你停下来，就给你糖。"塔玛拉就会安静下来得到糖。她学会了"不"意味着"继续尝试"，直到得到你想要的。观摩了幼儿园的活动后，克拉克夫人意识到了问题所在，改变了自己的方法，她对塔玛拉说，如果买完东西的时候她能安静不哭，就可以买糖吃，如果她大哭或者抽泣就不能买糖吃。买东西的时候她也提醒孩子这一点。最初，塔玛拉发脾气的时候，妈妈不得不把她从商店带回家。第二次回家之后，塔玛拉明白了如果自己哭或者抽泣就无法买糖吃。后来，当塔玛拉在商店开始抽泣的时候，妈妈只问她是否需要回家，她就会安静下来并回答"不"。对克拉克夫人来说最初是很艰难的，但从长远看这对她们都有好处。克拉克夫人坚持在家这样对待塔玛拉，确保她不会通过发脾气得到回报。芭芭拉在幼儿园也这样对待塔玛拉，同时，通过发音治疗，她能更好地表达自己了。尽管塔玛拉偶尔还是会发脾气，但她确实在家和幼儿园都取得了进步。

第 6 章

与家长的伙伴关系

父母是幼儿的第一任老师，年幼的幼儿完全依靠别人来满足自身需要，依靠别人教会他们所需的知识。鉴于家庭对幼儿生活的重要性，教师需要争取家长的帮助来应对幼儿挑战性的行为。每个家庭都是不同的，有不同的教养风格，有与幼儿园教师不同的价值观，这种不同是非常强有力的，与家长建立关系对教师和家长都有利。这里的假设是教师应与家长努力发展一种合作关系，而不是认为幼儿园是"智慧的源泉"，而家长是"有需要的客人"。

本章的焦点在于如何与家长沟通，幼儿是家长最珍爱的财富，如果家长认为教师批评幼儿或不喜欢幼儿，就会产生麻烦。本章还强调了家庭问题对幼儿和幼儿园的影响，尽管幼儿园不是提供治疗和社会服务的地方，但多多少少还是可以做些事来帮助家长明确问题，与家长建立关系并且共同帮助幼儿。幼儿园和家庭共事是双赢的局面，幼儿是最大的赢家。

75. 尊重差异

 **问题**

各个家庭的情况、文化、价值观和历史都不同,他们有自己的故事,幼儿以独特的方式融入家庭。许多时候,教师也有完全不同的背景、文化、价值观。教师希望家庭能认同他们的价值观,这种错位会引发幼儿园和家庭之间的合作困难。

 **概述**

了解各个家庭及其价值观后能更有效地教育幼儿。

 **目标**

了解班级中各个幼儿的家庭及其对幼儿的目标。这种了解能带来对家庭和他们的选择的尊重。

技巧

开始了解班级中幼儿的家庭时,可以考虑以下建议:
◆ 意识到你的价值观可能与班中某些幼儿家庭的价值观不一样。
◆ 不要认为你的方式才是正确的或者最好的。
◆ 了解你所在的幼儿园中不同种族和人种的基本价值观。
◆ 不要认为来自某种特殊人种或种族的家庭都能适应一种模式:人是不同的,他们不必遵守任何模式;家庭也是独特的,即使是同一种族的家庭也有不同的价值观。
◆ 理解并清醒地认识自己的文化和价值观。
◆ 结识幼儿园或社区中能帮助你了解他们的文化的人。

- ◆ 如果有不讲英语的家庭，可以学几句他们的话。
- ◆ 清醒地认识到建立密切的关系是需要时间的。
- ◆ 在必要的时候，可以请翻译来加强与家庭的沟通。
- ◆ 尽可能根据家庭所使用的语言给家长写便条。
- ◆ 要知道有的家长的家庭文化背景使得他们并不习惯于参与幼儿园教育，这并不意味着他们没有兴趣。
- ◆ 尝试从他人的视角看世界。
- ◆ 为家长提供选择的机会来决定怎样参与班级工作。

 有效班级管理的要点

- ◆ 每个人都通过各自的文化看世界，所有人都逃不出文化的"偏见"，你所做的任何增强文化敏感性的事都能让你成长为一名合格教师。与不同文化背景的人交朋友、阅读有关不同文化方面的书籍、旅游等经历都有助于你了解其他文化。

76. 养育风格

 **问题**

每个家庭与幼儿互动的方式、家庭成员互动的方式、与幼儿园沟通的方式都不同。有的家庭很正式，有的家庭则很随意。其他因素还包括交流风格、训练方法、控制程度、幼儿的社会地位、对幼儿行为的容忍度。有大量因素影响着家庭养育风格。

 概述

熟悉家庭的养育风格有助于理解幼儿的行为。幼儿园和家庭的背景完全不同，理解和尊重家庭是非常重要的。当幼儿园争取家庭的帮助来处理幼儿挑战性行为时，理解养育风格非常重要。你会想到让家庭更能接受的好办法，还会考虑到家庭在改变幼儿行为计划中的角色。

目标

与家庭建立合作关系，能让教师更好地解读幼儿在幼儿园背景下的行为，帮助幼儿改善在幼儿园的行为。

技巧

在考虑家庭的养育风格时，要清醒地认识到以下内容：
- 对纪律的态度。
- 家庭成员的沟通。
- 家庭和幼儿园的角色。
- 家庭成员的角色。
- 和"外人"共事的意愿。
- 兄弟姐妹的关系和角色。
- 尊重和了解"私人"财产。
- 对幼儿行为的期望。
- 与幼儿沟通的态度。
- 其他家族成员的角色。
- 对儿童行为的包容性。
- 家中使用礼节的程度。
- 常规和流程的重要性。

有效班级管理的要点

- 家庭是个复杂的系统，通常来说，如果你的建议和家庭成员的养育风格不符，他们只会听你的建议但不会付诸行动。
- 为了与家长建立有效的合作关系，了解并尊重他们的文化和养育风格是非常重要的。

77. 合作关系

问题

一般来说,幼儿园的"专家"跟幼儿的家长之间总是有很大的分歧。许多家长相信教师懂得最多。教师有时也相信他们的办法是最好的或者是唯一的方法。

概述

幼儿园和家长的合作关系为有效解决问题、满足幼儿需要奠定了基础。

目标

建立合作的家园关系以满足幼儿的需要。

技巧

在建立和培养合作式家园关系时,应考虑以下建议:

◆ 通过家长讨论会、见面会,在舒适的情境下了解幼儿的家庭。
◆ 把焦点放在幼儿的需要上,而不仅仅是告诉家长他们该做什么。
◆ 尊重家长的喜好和价值观。
◆ 与家长逐步建立起互相尊重和信任的关系。
◆ 为家庭之间互相了解提供机会。
◆ 当幼儿遇到行为问题时争取家长的帮助。
◆ 根据问题解决的过程开展头脑风暴:
  (1) 确定问题。
  (2) 头脑风暴解决的办法。
  (3) 考虑不同的办法。

(4) 选一个可能的办法。

(5) 试试看。

(6) 回顾结果。

(7) 如果需要，继续考虑其他的办法。

◆ 清醒地意识到家长是幼儿的第一任老师，家长比任何人都了解幼儿。

◆ 了解能帮助家长满足幼儿需要的社区资源。

 有效班级管理的要点

◆ 对行为的后果的处理应该是自然的、与行为有关的，并且是尽快的。不要指望家长为那些在幼儿园早就不发生的行为问题来惩罚幼儿。如果你这样做，家长会害怕你的电话，更糟糕的是，你开始责怪家长不采取防止行为发生的措施。家长和教师在解决行为问题时是合作关系，不要只是让家长来当"执行官"。

78. 与家长沟通

 问题

在与家长建立合作关系时，口头的沟通技巧非常重要。

 **概述**

在处理幼儿的问题，特别是有社交和行为困难的幼儿问题时，与家长的合作关系非常重要。教师和家长的谈话能促进一种积极关系的形成。

 **目标**

做家长工作时，成为一名有效的口头沟通者。

技巧

在与家长进行沟通时,请考虑以下建议:

- ◆ 第一印象很重要,第一次和家长见面时,应表现出你很尊重他们并把焦点放在幼儿身上。
- ◆ 预先花时间建立与家长的合作关系是共同解决行为问题的第一步。
- ◆ 如果需要更多时间与家长个别交流,可以安排一个大家都方便的时间。
- ◆ 讨论幼儿行为问题时,隐私很重要。
- ◆ 讨论幼儿行为问题时,征求家长的意见,了解他们对幼儿行为的想法。
- ◆ 停下来,给家长说话的时间。如果你忙于倾诉,家长可能不想听了,也不愿做回应。
- ◆ 倾听和倾诉同样重要。
- ◆ 记住,眼神交流也很重要。
- ◆ 意识到你的身体语言跟口头语言一样能传递信息。
- ◆ 语调也同样能传递信息。
- ◆ 如果家长提出要求或者谴责,不要有戒心,先倾听,再回应。
- ◆ 用"我"的句式表达你对幼儿的关心,比如"当____发生时,我感到____",避免听上去像在责怪家长。
- ◆ 对很多家长来说,他们不愿意公开讨论幼儿的问题:家长愿意私下批评幼儿。
- ◆ 你并不总是对的,犯错也是正常的——但要属于道歉。

有效班级管理的要点

- ◆ 有时候,教师倾向于对家长说话时也把他们当成班里的幼儿,记住"换档",跟家长讲话要像对大人一样。
- ◆ 当与家长交流幼儿的问题时,要意识到你并不总是能成功,你需要家庭的支持来改进幼儿的行为。有效解决问题是需要时间的。

79. 倾听

问题

做一个好听众并不容易，这需要大量的实践。在与家长和他人建立关系时，倾听是一项重要的技能。倾诉者和倾听者分享彼此的想法才是交流。

概述

成人能学会做一个良好的倾听者。具体的倾听行为是能够被辨识、学习和应用的，这能让你和家长建立起一种相互理解的关系。有效的伙伴关系需要家长和教师进行沟通。家长想知道你关心他们的孩子，在与家长交流时倾听他们想要说什么是非常重要的。

目标

掌握倾听的技能，增进与家长的沟通，改善与家长的关系。

技巧

要想成为一个良好的倾听者或者改进倾听技巧，可以考虑下面的建议：

◆ 清醒地认识到有效倾听是一个积极的过程。
◆ 尽可能安排一个最不会被打扰的时间或者地点。
◆ 倾听家长谈话时要专注。
◆ 明确你的想法：
　● 把焦点集中于讲话者，而不是其他你要做的事情。
　● 把焦点集中于讲话者，而不要在对话中一有空就提出你的建议。
◆ 把你的信息输入减到最少——不要垄断整个对话。

- ◆ 用点头或者"是"、"好"、"我明白"、"嗯"等语言上的肯定来推动家长的讲述。
- ◆ 倾听的时候避免做出价值判断,无论是积极的还是消极的。如果涉及解决问题,可以在交流之后表达价值判断。
- ◆ 跟倾诉者保持目光交流,但要避免盯得别人感到局促不安。
- ◆ 通过强调倾诉者的话明确观点,可以让倾诉者确认或进一步解释他们的观点。
- ◆ 向倾诉者反馈你理解他们的感受,例如,如果家长在跟你讨论幼儿发脾气的问题,你可以说:"听上去你对汤米在家发脾气真的很苦恼。"
- ◆ 尝试移情。努力从家长的视角看幼儿和班级。
- ◆ 在倾诉者讲了一会儿后,概括他说的话。

有效班级管理的要点

- ◆ 你可以设置与家长对话的基调。在给家长提出建议之前,首先要理解他们的观点。
- ◆ 通过主动倾听能极大地促使家长参与到幼儿的教育中来,无论是现在还是今后的几年。

80. 使用"我"的句式

问题

成人喜欢告诉别人该做什么,而没有意识到他们与这件事情无关。

概述

使用"我"的句式能增进对他人的尊重,让别人意识到他们自己也是应该对这件事情负责的。这样的表述能让你表达自己的感受而不令别人感到抵触。

 **目标**

学会用"我"的句式表达关心。这样可以表达你的关心,而不是做判断或表达期待的结果。

 **技巧**

"我"的句式表现为"当你(做)……我感到……(描述)"而不像"你"的句式,例如"你应该(做)……""我"的句式只是告诉别人我能控制什么——我的感受是什么,而不告诉别人该做什么。例如,"你迟到了,我感到很担心!"而不应是"你要准时!"

判断下面的例子是否属于"我"的句式:

(1)当你把肖恩的行为告诉我时,我很担心他的安全。

(2)当考利迟到的时候,我担心她会对正在进行的活动感到困惑。

(3)当贾斯汀打他妹妹的时候,你应该马上惩罚他。

(4)当艾比扔玩具的时候,我担心她会打伤路过的人。

(5)当布拉迪在幼儿园捣乱的时候,你不应该再让他在家看电视。

(6)当你对朋友吐口水的时候,我感到很生气,因为我知道那会让你的朋友伤心。

有效班级管理的要点

◆ "我"的句式采取的是公平的视角,"你"的句式则用家长的视角(告诉别人该做什么)。开展家长工作时,教师应该作为一个成年人,而不是作为"明智的家长"告诉幼儿(家长)他们该做什么。

81. 家长会

 **问题**

召开家长会是幼儿园工作的重要组成部分。通过计划和良好的沟通，家长会能成为教师和家长的积极体验。

 概述

当家长和教师一起工作来满足幼儿的教育和社会需要时,幼儿、家长、教师和社会都会受益，是多赢的局面！

 目标

满足家长想要讨论幼儿优点和需要的愿望。

 技巧

可参考以下建议：

- ◆ 事先让家长清楚地知晓家长会，不宜用威胁性语言。
- ◆ 让家长知道会议的目的、地点和时间。
- ◆ 配合家长的工作时间表。
- ◆ 要知道家长可能会对家长会担忧,特别是幼儿到了入小学的年龄时。
- ◆ 在会议期间安排好对幼儿的管理。
- ◆ 选择舒服的环境并确保隐私。
- ◆ 使用成人用的桌椅。
- ◆ 安排家具的位置，教师不要坐在讲桌后面。教室安排应该体现公平公正。如果进入教室的人事先能知道你坐哪儿，那就不"公平"。
- ◆ 如果有可能，提供点心、咖啡或者茶。

◆ 计划好你想在会上说的内容。
◆ 花点时间融洽关系。
◆ 使用家长能理解的语言，而不是教育术语。
◆ 在会议结束的时候概括一下讨论的内容。
◆ 感谢家长参加，感谢家长分享了他们的建议。

有效班级管理的要点

◆ 记住，很多家长喜欢经常进行非正式的交流，而不喜欢偶尔开的家长会。
◆ 确保在学年之初就联系家长——不要等到幼儿发生行为问题了才开始联系。从长远来看，花时间与家长建立关系会得到回报的。

82. 电话交流

问题

电话联系很方便，并且能经常和家长沟通。大部分家庭都有电话，手机让沟通更容易了。如果家长缺乏阅读的技能，电话提供了有效的沟通方式。

概述

经常通过电话联系家长是有效的方式，能使教师和家庭共同支持幼儿的发展。

目标

开展积极有效的电话交流来支持幼儿在班级的成功。

 **技巧**

参考以下建议：

- 不要在电话中说不好的消息。不要在电话中进行批评，因为观察不到家长的表情。
- 询问家长是否方便接电话。
- 不要在工作时间打家长的电话，除非能保证家长方便接电话。
- 接通电话时让家长知道是谁打来的。
- 称呼家长的姓名，这会让家长觉得亲切。
- 明确你打电话的目的。
- 围绕话题，保持电话内容简洁。
- 给家长留充分的时间来向你提问。
- 让家长知道他们什么时候能够通过电话联系你。
- 在挂电话之前感谢家长的支持。

 有效班级管理的要点

- 打电话的时候无法看到对方的身体语言，这是很大的缺点。鉴于这个原因，应确保你理解了家长所说的话。

83. 书面沟通

 问题

通过书面沟通交流信息非常好，因为双方都能方便地做出回应。常见的沟通形式包括电子邮件、家园联系本、便条、班级简讯、班级信件、印刷品等。

 **概述**

书面沟通为交流信息提供了方便,这种沟通能支持幼儿在班级的成功。

 **目标**

通过书面形式与家长有效交流信息。

技巧

进行书面沟通的时候,可参考以下方法:

◆ 电子邮件

- 记住幼儿园的公共电子邮箱;
- 教师的回应要简洁,否则会浪费时间;
- 通过电子邮件交流具有保密性,不能让其他人看到;
- 每天有特定的时间回复电子邮件;
- 不要通过电子邮件来批评;
- 要知道电子邮件的缺点是可能会被误解,因为缺少面对面的交流;
- 要知道电子邮件为书面沟通留了尾巴;
- 回复之前思考一下,发出一句坏消息和有打击性的回复太容易了。

◆ 家园联系册

- 这是一本从家带到幼儿园的笔记本,每天放在幼儿的书包里;
- 这适用于部分幼儿,因为很花时间;
- 如果幼儿不说话或者不能说话,这是跟家长沟通的好办法;
- 家长在本子上写下幼儿做了什么,教师回应并且告知家长幼儿在幼儿园的情况;
- 教师可以给家长写几条建议或者支持性的活动。

◆ 便条

- 个人的便条不能用来传递坏消息;

- 个性化的便条很花时间,所以应该很简洁并且偶尔才用;
- 如果家长为班级提供了帮助,给他写一张感谢便条会非常适合;
- 吸引人的信纸和便条非常适合用来给家长写便条。

◆ 简讯
- 班级简讯在交流班级事务上是很有效的方式;
- 可能的话,争取家长帮助做简讯;
- 定期公布适合的内容,包括生日活动、活动方案、宠物、远足、家长专栏、家长贴士、减压方法、班级的新玩具和假期通知。

◆ 班级信件
- 要给班级每个家长发布同样的信息时,这是个好方法;
- 班级信件中应该包括简讯里的部分内容,信件比简讯要快捷;
- 班级信件是让家长了解班级活动的绝佳方法,尤其是当需要他们送材料、茶点和其他物品的时候;
- 在信的背面可以印上月历,标出下个月要进行的事情;
- 如果可以的话,让幼儿加入进来,在班级里用图画纸给父母写一封信。幼儿来写,教师做一个抄写员。

有效班级管理的要点

◆ 仔细检查你的书写和拼写。家长希望教师的拼写和书写技能良好。如果不确定的话查一下字典。

84. 将学习延伸到家庭

 问题

幼儿在幼儿园也许能学会某种技能、概念,但这无法保证能够迁移到家庭和社区背景中。幼儿也学会了"在特定的情况下做适合的事":他

们知道某种情况下应该表现出特定的行为，到了其他地方另一种行为才是被期望的。如果幼儿园和家庭对幼儿的要求一致，则幼儿能持续地学会某种行为，保证他们在各种背景中都很成功。

概述

如果家长和教师合作将学习延伸到家庭，则幼儿能更好地将幼儿园学到的东西向家庭转移，包括社会技能、语言技能、学业技能和其他学到的东西。

目标

与家长一起工作确保幼儿把从幼儿园学到的技能和概念应用到家庭和社区。

技巧

用下面的办法来鼓励家长，帮助幼儿把从幼儿园学到的东西延伸到家庭：

- ◆ 在学年之初或者幼儿刚进入新班级时就与家长建立联系。
- ◆ 张贴班级规则，让幼儿和家长知道班级规则是什么。
- ◆ 举办家长会，让家长了解班级的活动。
- ◆ 教师可以用很多途径来延伸：
    - • 家园联系册；
    - • 简讯；
    - • 班级便条；
    - • 装有材料的背包、盒子；
    - • 电子邮件或者网站；
    - • 班级主页。
- ◆ 如果家长能在家开展活动或者任务，要注意：
    - • 家长应该干什么？

- 幼儿应该干什么?
- 他们要做多长时间?
- 需要给幼儿园反馈什么?
- 材料什么时候归还?

 有效班级管理的要点

◆ 定期将教育延伸到家庭是重要的。应该面向全体幼儿,而不仅仅是出现行为问题的幼儿。

85. 家长志愿者

 问题

有的班级很幸运能有家长愿意花费时间和精力,为幼儿园或早教中心做志愿者。

 概述

有时候家长来到班级,希望能和教师拥有同样的知识。有的家长志愿者没有经过专业培训,却有丰富的"育儿技能"和知识。为了利用这些家长志愿者的天赋和能力,可以根据班级的期望提供培训。当教师提供方向并培训家长志愿者时,他们能更好地满足幼儿、教师和幼儿园的需要。

 目标

支持为幼儿学习和行为做出重大贡献的家长志愿者。

 **技巧**

考虑一下如下建议:

- ◆ 教师应对志愿者表现出尊重和友好的态度。
- ◆ 教师是领导的角色，在志愿者协助班级工作之前应与他们见面，解释接下来的活动或者课程。
- ◆ 志愿者进入班级之前要有足够的自信，不管教室里发生什么，都要待在教室里。跟社区的朋友谈论幼儿、教师或者班级是不合适的。
- ◆ 在培训阶段，讨论活动的目标、政策和教学过程。
- ◆ 告诉志愿者在哪里能找到材料、如何设置活动、如何使用器材。
- ◆ 解释班级规则和教师的行为管理体系。行为管理有时会令教师和其他成人产生分歧。
- ◆ 创造一种让志愿者感到被接受、被感激的氛围。
- ◆ 给志愿者各种任务，让他们产生兴趣。
- ◆ 确保给志愿者反馈信息，让他们知道教师对他们做的事情很清楚。
- ◆ 教师应起到积极的示范作用。
- ◆ 认识并回报志愿者的服务。在幼儿园范围的会议上，让家长感受到他们的贡献是被感激的。

有效班级管理的要点

- ◆ 作为教师，一个人工作很难满足每个幼儿的需要。班级里的志愿者能更有效地满足幼儿的更多需要。
- ◆ 志愿者并非一定要帮助你——他们可以选择这么做。让他们知道自己是班级中有价值的成员。

86. 应对家长的愤怒情绪

 问题

当幼儿的行为令你受挫的时候，家长也会感到受挫。由于你是面对

家长告诉他们幼儿的行为，所以家长可能会对你生气。家长和教师互相责怪将是幼儿的损失。教师应当与家长一同为幼儿的健康成长而工作。

 概述

教师需要做些准备来应对愤怒。教师和家长应该避免愤怒，这样才能有效地解决问题。

 目标

倾听并让家长表达他们对现状的愤怒，然后为了幼儿的利益与他们一起解决问题。

技巧

可参考以下建议：

- ◆ 记住，家长通常有理由生气——幼儿园和教师总是犯错，甚至都没有意识到。有些日积月累的历史问题可能你都不知道。
- ◆ 一直彬彬有礼。
- ◆ 倾听——不要打断他们或插入你的意见。
- ◆ 不要辩解或抵触。
- ◆ 如果他们讲话很大声，你要温柔地讲话。
- ◆ 在回应之间停顿一下，慢慢地说。
- ◆ 不要低估问题。
- ◆ 概括并反馈他们的担忧。
- ◆ 排解他们的抱怨。看是否还有其他原因让他们对现状不满。
- ◆ 跟家长反馈他们的感觉和信念，让他们知道你理解他们在说什么。
- ◆ 提出开放性问题，例如："怎么会这样？"
- ◆ 避免提出"为什么"的问题，这会引起家长的抵触。
- ◆ 在处理愤怒时，你的角色不是解决问题，而是沟通。
- ◆ 强调建立信任。

- 要知道，愤怒通常不是由一件事情引起的。通常是许多事情累积起来让家长感到很难过，原因应该是幼儿和家长得到的教师的关心太少了。
- 家长可以表达愤怒，但是你不需要一味忍耐。如果他们做得很过火或者恶言相加，你可以晚些时候再为自己解释或者联系家长。
- 不要让家长的愤怒影响到你做事，不要受影响而做那些你明知道幼儿不感兴趣的事。

有效班级管理的要点

- 通常幼儿、教师、家长都会生气。三方面都有实在的、可以理解的原因。由于人们只能控制自己的情绪，所以，认识自己的愤怒，跟信任的朋友倾诉，他们能倾听并给你提出一些意见。

87. 过度保护的家庭

问题

有的家长鼓励幼儿独立，参与社会性行为，然而另一些家长怕幼儿受到伤害，幼儿则可能会发展成害怕同伴。

概述

如果家庭过度保护，可以跟家长交流在幼儿园环境中幼儿参与活动和学习的能力。

目标

帮助家长对幼儿的能力建立信心，相信幼儿能独立自信地在幼儿园背景下生活。

 **技巧**

下面有一些办法可以让家长和幼儿增进自信和独立性：

◆ 面对事实：并不是所有家庭都希望幼儿独立。

◆ 避免给家庭贴上"过度保护"的标签。有些文化可能强调相互依靠或者强烈的家庭依恋。

◆ 意识到家长的过度保护可能是源自他们在危险环境中生存的体验。

◆ 幼儿的健康可能是家长真正担心的，在教师眼中看来也许是过度保护。

◆ 与家庭建立信任的关系。

◆ 家长会能帮助家长了解幼儿园，也能让幼儿园理解家长。

◆ 掌握基本的安全规则，并将它们告诉家长。

◆ 让家长知道你对幼儿的独立性有所期望。

◆ 鼓励幼儿独立完成小任务，完成后要表扬幼儿，给家长写便条告诉他们。家长知道幼儿这么能干，会很高兴。但确保不要鼓励幼儿做那些冒犯家长或者在家长看来是危险的事情。

◆ 建立幼儿的自信心，增强幼儿的能力。逐渐增加他们在班级中的责任感和独立性。

◆ 幼儿园"表演"项目（假日表演、唱歌、短剧）有助于让家长看到他们的孩子很能干地跟其他孩子一起参与活动。

◆ 清楚地意识到：有些特殊儿童的家长很容易过度保护。随着这些幼儿的发育和成长，家长很难放手。然而，大部分这样的幼儿能克服困难，更好地和同伴参与活动。

有效班级管理的要点

◆ 从小事情开始，让幼儿产生成就感。表扬幼儿独立的每一步。与家长交流幼儿的成功。

◆ 如果不了解家长的文化或幼儿的健康史，不要想当然地认为家长是过度保护。

88. 面对拒绝

问题

有些家庭并没有意识到幼儿有严重的行为问题,家长会认为是合理的或者为此找借口。

概述

争取家长的帮助来解决问题,家长应该理解幼儿需要学习适宜的行为。

目标

在帮助幼儿学习恰当的社会性行为时,让家长成为参与者而不是对手。

技巧

可参考以下建议:

◆ 定期找时间与家长沟通。

◆ 确保在问题行为发生之前与家长沟通。如果你的第一个电话是关于行为问题的,家长很难接受。

◆ 脑子里要记住:批评幼儿应该是家长亲自来做的事情。

◆ 不要私自批评幼儿——把焦点放在需要改变的行为上,而不要针对幼儿。

◆ 避免任何可能产生抵触的表述,例如:

- 你觉得他为什么那么做?
- 家里是不是发生了什么事情导致她那样做?
- 她在家里也这样吗?
- 他的兄弟姐妹_____?

- 你有没有教他＿＿＿＿？
- 你在家里给她足够的关注了吗？

◆ 倾听家长对幼儿行为做出的解释，然后与家长一起用更好的方法来满足幼儿的需要。

◆ 不要低估行为问题或者忽略它。

◆ 教会幼儿更好的解决方法，而不是惩罚或者责怪幼儿。

有效班级管理的要点

◆ 记住寻找幼儿的优点。当教师关注缺点或者需要时，看上去像是在挑刺儿。每个幼儿都有特点和天赋，与家长沟通时记住这一点很重要。

89. 应对滥用药物的家庭

问题

如果家庭成员醉酒或滥用药物，幼儿很有可能产生行为问题。幼儿得到关注和培养的需要无法持续满足，只有当爸爸"感觉好"或者妈妈"高兴"的时候才能得到自己需要的东西。其他时候，他们只能通过不恰当的行为提出要求、得到需要的满足。幼儿缺乏对安全和常规的基本常识。

概述

认识到滥用药物是社会的普遍问题，并且与社会经济的发展相抵触，破坏家长和幼儿的生活，对幼儿有严重的影响。

目标

家长滥用药物会影响到幼儿的班级行为。不要责怪家长，而应定期与他们沟通，让他们知道幼儿的需要。

技巧

尽管看到家长不能满足幼儿的情感需求时，很难做到不责怪他们，但是要意识到上瘾是一种疾病，跟癌症或糖尿病一样。下面有一些方法来帮助你：

- ◆ 通过阅读、研讨小组、互联网等就上瘾，比如酒精上瘾等进行自我教育。
- ◆ 与家庭建立联系，与家长交流你对幼儿的关心。
- ◆ 如果幼儿有行为问题，与家长取得联系，把焦点放在幼儿身上，避免用责怪的表述，例如："家里是不是发生过什么造成幼儿这样？"表达你对幼儿的关心，使用"我"的句式。
- ◆ 要知道，家长对幼儿的关心会刺激他们寻求帮助，去治疗或者加入支持性小组（比如匿名戒酒小组），或者离开有上瘾症状的配偶。
- ◆ 鼓励幼儿园或者咨询机构(如果有可能的话)为家长展示宣传材料，包括关于上瘾与心理健康的小册子，例如：帮助幼儿的家庭作业、幼儿园课程、可选择的玩具和游戏、幼儿园员工和服务、家长教师组织、幼儿社区精神健康服务、家庭支持小组等。
- ◆ 帮助幼儿用语言表达自己的感受。
- ◆ 在班级中明确规则和做事的底线。如果幼儿的父母有上瘾症状，对这些幼儿来说持续性非常重要。
- ◆ 如果幼儿滥用药物必须上报，滥用药物的家庭会存在幼儿滥用各种药物的风险。如果发现幼儿滥用药物的迹象，应该根据法律上报给当地儿童保护服务机构。这也会成为刺激父母寻求治疗帮助的因素。

有效班级管理的要点

◆ 滥用药物是家庭的灾难。有各种支持小组来帮助家庭和幼儿,比如酒精治疗小组和儿童小组。当家长寻求帮助的时候,幼儿的行为可能会更糟糕,这是因为家庭的巨变可能会遭到其他家庭成员的反对,即使家长寻求帮助戒瘾,这也是一个需要时间和耐心的痛苦过程。

90. 家庭授权

 问题

在学前阶段和接下来的几年,家长需要学习一些技巧支持幼儿在学校取得成功。

 概述

俗话说,"授人以鱼,不如授人以渔",这句谚语与家庭工作有重要联系。

 目标

帮助家长表达他们对幼儿的希望和梦想,并让他们积极参与育儿的各个阶段,而不是被动地接受"幼儿园的想法是最好的"。

 技巧

◆ 可以:
- 为家长提供行为管理的方法,特别要根据幼儿园对幼儿的要求;
- 为家长提供彼此合作的机会;

- 询问家庭的喜好；
- 帮助家长思考他们的需求是什么，思考在家庭背景中什么才是对幼儿最重要的；
- 在家庭和幼儿园之间建立互信关系；
- 让家长知道一些能提供幼儿发展和家庭参与信息的研讨小组和培训会议；
- 一起进行头脑风暴来解决问题；
- 为家长提供可以找到资源的信息；
- 假设家长是聪明的、好意的、有能力的。

◆ 不可以：
- 假定自己站在"专业"的位置；
- 认为你知道所有的答案；
- 帮家长做本应他们自己学着做的事情；
- 发展一种"救助情结"——家长有自己的目标，你不能将自己的价值观强加在他们身上；
- 尝试解决每个人的问题。

有效班级管理的要点

◆ 当家长和专业人员合作的时候可以给予家长授权，授权可以增强家长帮助幼儿的愿望、增进他们的知识技能，促使他们采取行动帮助幼儿。

91. 实践案例：珊蒂的故事

> **支持这个故事的原则**
>
> ◆ 班级管理需要教师处理好个别幼儿的问题行为。
> ◆ 当一种办法不灵时，试试其他办法。
> ◆ 有些幼儿反应很快，有些幼儿反应较慢，需要更多时间。
> ◆ 处理幼儿的问题时，尽可能多地与其家长沟通。
> ◆ 教师分享自己的经历有利于幼儿理解他们遇到的问题。
> ◆ 当幼儿还不会用语言描述自身的需要和担心时，他们需要成人示范如何表达自己的情感。
> ◆ 幼儿园以外的专业帮助有时也是必要的。
> ◆ 耐心和幽默是成功的幼儿教师所必须具备的特质。

卡尔森老师知道珊蒂的妈妈在学年初就生病了，并且已经病入膏肓。冬天来临，珊蒂的妈妈去世了。卡尔森老师安排时间参加了守灵和葬礼，她在这两个场合都去看望了珊蒂。她想知道珊蒂一月份回到幼儿园，在班级里会做出怎样的反应。

珊蒂是一个3岁半的孩子，他们家里有三个孩子，珊蒂是老二，妈妈过世后，爸爸照顾全家。他也承认很关心珊蒂的情况，因为他知道年幼的孩子都非常害怕失去母亲。奶奶在妈妈生病的时候就住到了家里，打算住6个月，直到新年。家里采取了所有预防措施来缓解珊蒂失去母亲的痛苦。

珊蒂回到幼儿园的时候，卡尔森老师问候了她，并且与她一起待了一会儿，说自己很高兴在假期里看到她。"我知道你想妈妈，"卡尔森老师说，"但是你可以把我当成妈妈一样说话，我记得我妈妈过世的时候我是多么难过！"

几天以后，珊蒂在圆圈活动时宣称："我的妈妈过世了！"尽管她的同学还没做出回应，但是卡尔森老师很快回应说："是的，珊蒂，她过世了！你想说说你的妈妈吗？"

珊蒂当时没有回答，但是后来她走到卡尔森老师旁边，对她说奶奶在家里。"现在，奶奶帮我们做饭，"珊蒂说，"她喜欢跟我打牌！"在接下来的几个星期，珊蒂坐在卡尔森老师身边，偶尔也会谈谈自己的妈妈，"我妈妈最喜欢蓝色，我奶奶也喜欢蓝色。"

卡尔森老师带来几本有关死亡教育的书跟珊蒂分享。朱迪思·维奥斯特的《巴尼的第十件好事》和里奥·巴斯卡格利亚的《弗莱迪的失去和离开》是其中的两本书。卡尔森老师欣喜地发现珊蒂并不需要专业咨询师帮忙来应对死亡的体验，虽然她已经做好给珊蒂推荐一名专业咨询师的准备。

卡尔森老师还与珊蒂分享了自己经历过的亲人的死亡。"我妈妈去世的时候，我伤心了很久，"她追忆道，"我有时候还是很想念她。"卡尔森老师对珊蒂的教育收到了成效，珊蒂的伤心得到了缓解。珊蒂需要时间疗伤，但是卡尔森老师的关注和帮助使她度过了最艰难的时刻。

第 二 篇

　　本书的第一篇讨论的是幼儿特定的、持续的行为问题。当管理班级时，比如按照第一篇提到的技巧来解决问题，幼儿却依然出现行为问题，那么就需要使用第二篇强调的原则了。第7章"分析问题行为"——能帮助教师系统地理解影响幼儿行为的因素。此章应该从整体来阅读，因为行为分析是逐步进行的过程。第二篇的其他章节可以作为有效的资源独立使用，可以搜索适用于幼儿问题的办法，使用那些适合实际情况的办法。

　　第8章"教会使用其他行为方式"——描述了如何设计指导方法，应对幼儿在班级中表现出来的挑战性行为。通过使用"公平配对"的办法，你会发现什么目标是切合幼儿的，能使其用积极有效的行为取代消极行为。为了传授社会性技能，文中列举了一些指导方法。此外，还讨论了大量的预防策略。第8章提供了指导幼儿使用适宜社会性行为的教学文本。不必逐字逐句地遵照这些文本提出的教学方法。第9章"沟通技巧"包括教会幼儿更好地表达自身需要的文本和具体方法，还提出了教幼儿确认和表达感受的方法。

第 7 章

分析问题行为

针对问题行为提出的"那时你在干什么?"是一个很难回答的问题。有许多因素影响幼儿的行为。妄想通过一次行动、一个简单的办法就能解决行为问题几乎是不可能的。改变行为需要时间,还需要仔细分析。本章讨论了行为分析的过程,在分析幼儿的行为之前最好能从整体上理解这些分析方法。

分析问题行为需要观察一段时间。应该准确地描述行为,记录行为什么时候发生、发生的频率以及发生该行为时周围的环境。事实上,做出挑战性行为的幼儿通常有一套在不同的情况下都使用的行为程序。为了了解幼儿的行为,必须观察行为发生的典型情境。

《幼儿园班级管理技巧150》一书基于这样的信念:问题行为不是随便发生的,也不是没有原因的。挑战性行为代表着幼儿的目的,教师应当据此建立一种假设——幼儿是所做即所思的。大部分问题行为意味着幼儿要么想得到什么(注意、玩具、活动),要么想避免什么(坐着、学习、分享、同伴)。

分析行为的目的之一是预测行为问题发生的时间,教师可以在该行为发生之前做出计划。另一个目的是确定替代行为,以适宜的行为替代问题行为,满足幼儿的需要。避免问题行为,教会幼儿用其他的方法满足其需要,找出能长期解决问题的方法——行为分析是在班级管理中实现这些目的的关键工具。这个过程需要付出时间、努力和坚持——但从长远来看,终究会有回报。

92. 幼儿生活中的事件

 **问题**

幼儿在日常家庭生活中受到的压力会影响到他在幼儿园的行为，在幼儿进入教室之前，有许多事情会影响他的行为，例如生病、睡眠不足、在车里与兄弟姐妹打架、校车上同伴讲了难听的话、与父母争论穿什么鞋、父母的争吵等。虽然这些生活事件并不会导致问题行为发生，但它们增加了挑战性行为发生的可能性。

 **概述**

俗语说："穿别人的鞋子走一公里。"（设身处地地为别人着想）这句话鼓励理解他人，在这里就是理解幼儿。不要责怪幼儿，而应该考虑环境，看看是否有什么事情让幼儿烦恼。教师可以跟家长或者其他幼儿生活中的人一起创造一种"对幼儿友好"的环境。

 目标

分析引起挑战性行为的环境因素，以便于教师跟幼儿生活中的重要他人一起工作，缓解这些因素的影响。

技巧

与家长谈谈。把焦点放在帮助幼儿上，而不要责怪父母。通常以积极的、关心幼儿的陈述展开对话，表达要帮助幼儿控制行为的愿望。

与家长讨论的内容包括：

◆ 观察幼儿行为的变化。

◆ 父母对问题的理解。

◆ 任何可能影响幼儿的健康因素。
◆ 药物也会有副作用。
◆ 幼儿的睡眠是否充足。
◆ 与可能给幼儿带来烦恼的兄弟姐妹、同伴进行互动。
◆ 家庭的变化也会影响幼儿的行为。

在家长会上，通过头脑风暴的方法帮助幼儿。恳请家长提出建议，因为他们比任何人都了解幼儿。与家长一起在平和的环境中帮助幼儿获得行为控制的能力。

有效班级管理的要点

◆ 幼儿园外发生的事件对幼儿在班级中的行为有严重影响。教师都想减少这些事件的消极影响。有时候不可能改变现实，比如父母的争吵或离婚、祖父母的过世、父母的工作调动。当教师理解了幼儿的生活后，他们就会设身处地为幼儿着想，并且努力减小这些事件的影响。此外，当父母理解到家庭对幼儿生活的影响后，他们能为幼儿营造好的环境，在幼儿遇到困难时给他们提供支持。困难并不能成为消极行为的借口。教师要意识到幼儿对爱和理解的需要，同样意识到有序、可预测的幼儿园环境对幼儿的重要性，这可以为幼儿在这个经常会发生暴风雨的世界中提供安全感。

93. 导火索

问题

消极行为并不是偶然发生的，也不是在真空中发生的。挑战性行为是有导火索的：那些在行为之前发生的事件或者情况。如果你能确定是什么"引爆了幼儿",引发了消极行为,就能够做出调整,预防或者减少消极行为。

 概述

尽管你不能完全阻止挑战性行为的发生,但你可以减少行为发生的频率。这样,发生消极行为的时候更容易应对。否则你每天的大部分时间都将用来"灭火"。

 目的

分析消极行为发生之前的事件,可以让教师调整教室环境,使幼儿感到在教室里更平和。随着幼儿消极行为事件的减少,可以增强他的自我概念,让幼儿认识到自己是学习团体中有价值的一员。

 技巧

分析问题行为导火索的步骤如下:

(1) 在问题行为发生之后,记录下问题行为发生的时候班级里发生了什么事情。
(2) 记录问题行为发生的时间和地点。
(3) 记录问题行为发生时谁在跟幼儿一起玩。
(4) 记录问题行为发生时教师在什么地方。
(5) 这样做清单,做5次甚至更多次。
(6) 寻找规律:
- 一天中固定的时间发生?
- 在特别的活动中发生?
- 与某个幼儿一起玩的时候发生?
- 大人在附近或者大人不关注的时候发生?
(7) 调整班级:
- 如果幼儿累了或者饿了才发生问题行为,那么调整休息或茶点的时间表。

- 如果在特定活动中发生问题行为，试着加强活动中的管理。有时候需要把特定的玩具（或者活动）带走一段时间或者彻底拿走。
- 有的幼儿一个人的时候行为良好，但跟某个同伴一起就会出现消极行为，增强对同伴的监管是必要的，幼儿们可能需要分开一段时间。
- 通常幼儿做出消极行为是为了引起成人的注意。如果是这样，在消极行为发生之前，给幼儿大量的积极关注。

(8) 思考幼儿在教室中的一天。你能预测幼儿的消极行为什么时候发生吗？如果能，那么你已经可以设计预防措施了；如果还不能，你需要做更多的观察。

有效班级管理的要点

◆ 一分预防胜过十分治疗。如果在挑战性行为发生之前就预测到，你就能更有效地工作。

◆ 幼儿表现出适宜的社会行为时能学到最多的东西。

◆ 如果能避免教室环境中引发消极行为的导火索，那么班级会更平和。

94. 明确指出行为

问题

当你明确地描述或者理解幼儿的行为时，就能做出计划，引导幼儿用更适合的方式满足需要——随着问题行为的减少，你可以观察计划是否起作用。如果不能准确描述行为，你就无法知道行为是否得到改善——也许你已习惯了这些行为！

 **概述**

幼儿改善行为是一步步来的，你要非常清楚自己在做什么。不可能一下子改变所有东西。准确描述幼儿的行为，能让你每次针对一个具体行为，这将决定行为改善计划是否有效。

 **目标**

制订具体的计划，教会幼儿用更好的方法来满足其需要，并且检验结果。

 **技巧**

幼儿做的到底什么地方有问题？具体描述幼儿的行为，例如：

含糊的描述	清晰可见的描述
攻击性	为了得到玩具而推了同伴
固执	对语言命令无动于衷
发脾气	躺在地板上，重重地挥拳头，尖叫
挑起事端打架	打了同伴
过度活跃	在教学时间到处活动
注意力集中时间短	在教学时间不断改变活动

在实践中试试下面的例子，具体描述下面的情况：

含糊的描述	清晰可见的描述
对他人自私	
有自己的日程表	
容易分心	
欺负别人	
不和他人交往	
与教师"顶嘴"	

有效班级管理的要点

◆ 在描述行为的时候，试试下面的测试：如果某人并不认识这个幼儿，来到教室里，看了行为的描述后，能否认出这个幼儿来？行为描述应该非常具体，让进入教室的陌生人能数出一天中该行为发生的次数。

95. 行为的结果

问题

幼儿基于许多个人原因形成了自己的行为模式，这些原因包括他们的个性、遗传因素、健康因素、家庭互动、个人经历等。教师影响最大的领域是幼儿在班级的互动。幼儿的行为改变是基于行为的后果。有的结果会让行为严重或者保持现状，另外一些结果则会导致行为消退。

概述

教育者和幼儿园教职工通常将"结果"作为一种惩罚或者消极事件。结果并没有积极或消极之分：结果是否导致行为变坏、变好或保持原状在于幼儿个体。理解了幼儿行为的目的后，可以确定对幼儿行为的应对方式。

目标

检查行为的结果，以此决定教师的工作是否有效。当教师认为一项策略无效时，试试另外的方法。

 **技巧**

在有可能出现挑战性行为时，观察幼儿。

(1) 当幼儿做出某种行为时，发生了什么事情？

(2) 你做了什么？

(3) 幼儿的同伴做了什么？

(4) 对每一个观察项目都进行精确的描述。

试试这种办法。用可视的办法描述特定的行为。

问　　题	行　　为
行为之后发生了什么？	
你做了什么？	
同伴做了什么？	

有效班级管理的要点

◆ 行为的结果不是惩罚，两者不同。结果是惩罚还是满意取决于幼儿的个人特点和以往经验。基于这一点，你只需确定消极行为之后发生了什么。下面几小节将会指出为什么行为并不是表面看上去那样。

◆ 除非教师采取了"科学的"方法来改变幼儿的行为，否则这种行为可能会随着时间的推移持续或变得更严重。

96. 幼儿要达到的目的

 **问题**

幼儿的行为是为了满足他们自己的需要。教师对行为结果的看法跟幼儿对行为结果的认知不一样。

概述

当教师从幼儿的视角看待他们的行为时,可以看到幼儿要达到的目的是什么。例如,幼儿在圆圈活动时打扰同伴,教师也许会认为他已经到了极限,打扰同伴是为了离开去干别的事。不想坐在圆圈里的幼儿可能是为了获得奖励。事实上,教师可能在用让他自由选择玩具来奖励他打扰同伴的行为。另一个熟悉的例子是,训斥幼儿的时候,会让教师和其他幼儿都给予他极大的关注。从幼儿的角度分析行为,会意识到这些行为能让幼儿实现很多目的,这有助于教师制订一个计划——帮助幼儿用更适宜的方式满足需要。

目标

检查幼儿行为的结果,能发现教师对结果的看法与用幼儿的视角看到的结果不同。

技巧

消极行为发生后,问问自己以下的问题:

◆ 幼儿得到的行为的结果是什么?
◆ 这个行为的结果是否让幼儿达到了什么目的?
◆ 这个行为的结果是否让幼儿避免了什么事情?
◆ 幼儿继续这种行为的原因是什么?

通过具体的幼儿和具体的行为来试验这个办法。通过下表,用可视化的语言来描述幼儿的具体行为:

问　　题	可能达到的目的
行为之后发生了什么事情?	
做出这样的行为幼儿得到的结果是什么?	
行为的结果是否让幼儿避免了什么事情?	
幼儿继续这种行为的原因是什么?	

有效班级管理的要点

◆ 定期发生的消极行为，对幼儿来说是实现了某种目的，帮助幼儿满足了需要。为了实现社会性或物质上的目的，或者为了让幼儿避免某些不愉快的事件，问题行为特别容易发生。

97. 幼儿的基本需要

 **问题**

挑战性行为不会无缘无故地发生。当幼儿表现出消极行为的时候，通常是为了满足需要，而这种需要正是他所缺乏的。教师在分析他们的行为时，头脑中应该记住一些幼儿的基本需要。

 概述

如果教师能准确地指出需要，那么可以设计一个计划帮助幼儿以适合的方式满足自身需要。可以通过改变教室环境、改变教师的回应、教幼儿更能接受的行为来实现。

 目标

认识与消极行为相关的幼儿的基本需要，用一种能让消极行为消失或无效的方法来回应幼儿。

 技巧

行为的目的有两种基本类型：为了得到什么东西和为了避免什么事情。幼儿从挑战性行为中得到的有：关注、感官刺激、控制形势。幼儿想要逃避的有：低参与度的活动（坐着、有困难的任务、用时太长的任务）、一般类型的感官刺激、身体痛苦。

记录下行为和引发消极行为的典型目的：

行为的例子	得到什么东西的目的
发出打嗝或者吹气的声音	同伴笑了，幼儿获得了快乐
在积木区扔积木	老师能跟幼儿"谈话"
从同伴手里抢汽车	幼儿能玩到喜欢的玩具
对老师的所有要求说"不"	幼儿能控制形势

行为的例子	避免什么事情的目的
在感到困难的美术活动中扔剪刀	避免不适合其发展水平的任务
抓了离得太近的同伴	让同伴离开自己，独处
打自己的耳朵	转移幼儿对疼痛的注意
在圆圈活动中站起来	避免用时太长的活动

有效班级管理的要点

◆ 发生问题行为是幼儿为了得到想要的东西或者避免不想做的事情。通常，你认为是消极的结果，对幼儿来说却可能是奖励。要清楚，有些结果奖励了消极行为，因为幼儿逃避了他不想完成的任务。

98. 吸引注意的行为

问题

幼儿得到关注的需要不同。一方面，被忽略的幼儿通常很渴望被人注意，以至于他们会做任何事情来得到关注。另一方面，一直被重点关注的幼儿也会尽力保持他太阳般的位置。第一次进入集体环境的幼儿必须调整自己，与其他幼儿分享成人的关注。如果幼儿得到关注的需要没有被满足，幼儿就会为了得到成人或同伴的关注而做出消极行为。

概述

当教师意识到幼儿的问题行为是为了得到注意时，可以制订出一个行动计划。根据幼儿想要得到成人的还是同伴的关注，来制订不同的计划。不管哪一种，都要教幼儿用更好的方法来满足需要。

目标

学会确认幼儿的行为是为了得到成人或同伴的关注，教师应制订出行动计划，教会幼儿用更适合的方式满足需要、改进行为。

技巧

下面列举的问题提供了观察幼儿行为目的的办法。如果有任何一个问题的回答是"是"，消极行为的目的就是得到教师的注意。

- ◆ 幼儿是不是在群体中比单独或者在小群体中更容易发生消极行为？
- ◆ 当教师不太关注幼儿的时候，幼儿的消极行为是不是更频繁地发生？
- ◆ 当幼儿想让教师在他身上花时间的时候，幼儿的消极行为是不是更频繁地发生？
- ◆ 当教师忙于照顾其他幼儿或者其他班级任务的时候，幼儿是否会发生更多的消极行为？

对于想得到同伴注意的幼儿，用下面的问题来检查：

- ◆ 当幼儿被同伴排除在活动之外的时候，幼儿的消极行为是不是更频繁地发生？
- ◆ 幼儿加入群体或者与其他幼儿互动是否有困难？
- ◆ 幼儿是否缺乏与他人互动的社会性技能？
- ◆ 幼儿是否难于理解社会性的暗示或情况？

有效班级管理的要点

◆ 许多幼儿做出消极行为是为了得到关注。有些幼儿很难适应幼儿园群体环境。缺乏社交或沟通技能的幼儿容易用不恰当的行为来引起同伴的关注。同时,成人认为的消极行为,比如斥责或训斥,在幼儿看来可能会是积极的。如果幼儿习惯于通过消极行为得到关注,这种关注会让幼儿很期待、很享受。

99. 回避行为

 问题

如果任务不符合其发展水平,幼儿很可能想逃避。其他因素也会影响幼儿的回避行为。这些因素包括幼儿的个人兴趣、注意力集中的时间、家庭期望、教师的态度以及其他可能。幼儿园的主要好处在于让幼儿养成对以后学业成功有帮助的好习惯。鉴于此,教幼儿在群体背景下学习并且不断实践是非常重要的。

概述

用发展的观点检查幼儿的回避行为时会发现,大部分幼儿在早期都能学会这种行为。如果在幼儿小的时候就采取行动,就能消除他们将来的学业和行为问题。

目标

学会分辨幼儿是否用消极行为逃避任务,可制订出一个计划让这种回避行为无效,教幼儿用更好的方法来满足需要。

 **技巧**

幼儿是否用消极行为逃避不喜欢的任务?对于下面的问题,如果回答"是",那么要考虑幼儿可能是为了逃避任务。

◆ 要求幼儿做他不喜欢的事情时,他是否很容易发生消极行为?
◆ 要求幼儿做他不擅长的事情时,他是否很容易发生消极行为?
◆ 要求幼儿长时间做某件事情时,他是否很容易发生消极行为?
◆ 消极行为是否在高组织活动时间(排队、圆圈活动、乏味的坐着的活动)比自由游戏时间更容易发生?
◆ 要求幼儿整理的时候,他是否很容易发生消极行为?
◆ 当幼儿厌烦了手边的任务,而教室里的其他地方有更有趣的材料时,他是否很容易发生消极行为?

 有效班级管理的要点

◆ 幼儿很擅长回避不吸引他们的活动,如果消极行为令他们成功逃避任务,他们就认为消极行为是起作用的,下次还会用同样的办法。如果让幼儿坐到"反思椅"上去,他就成功了。下次不想做什么事情的时候,他还会用同样的消极行为。这会让行为更糟糕,而且不会有任何改进!

100. 控制的需要

 **问题**

随着幼儿的个人发展,他们想要控制生活中的事件和人物,但是关于控制自己和别人他们还有很多东西要学习。有的幼儿比别人有更强烈的控制需要,例如,在家里没有底线的随心所欲的幼儿也想控制班级。

或者，那些没有机会影响生活或环境的幼儿可能会产生反抗性的行为。班级环境能促进幼儿参与符合其年龄的决定，能让幼儿学会以适宜的方式参与影响日常生活的决定。

概述

当你理解幼儿的消极行为代表着想控制生活的需要时，就能教会幼儿形成适宜的决策能力和掌握参与班级活动的方法。

目标

学会辨识行为的目的是否是"我需要控制我的生活"，教师可以设计活动，在班级环境中给幼儿提供适合的选择。

技巧

如果你对下面多个问题的回答都是"是"，那么幼儿的消极行为代表着想要控制的愿望：

◆ 当要求幼儿做事情的时候，幼儿是否经常发生消极行为？
◆ 随着教师更多的指导或对抗，幼儿的行为是否越来越糟糕？
◆ 如果教师说"是"，幼儿是否说"不"和正相反的话？
◆ 幼儿是否会争论任何一个教师的意见？
◆ 幼儿是否大部分时间都想要获得领导权？
◆ 幼儿是否坚持自己是对的，即使在他明显错了的情况下？
◆ 幼儿是否大多数时候都坚持自己的方式？
◆ 幼儿是否持续拒绝和争论？

有效班级管理的要点

◆ 反抗行为和控制的需要在年幼的幼儿身上很普遍，这些特点在学前早期就应该得到重视。本章后面将有大量策略来帮助教师应对这样的行为。应对这种行为的要点包括：

- 提供选择。
- 避免对抗的指导。
- 面对反抗的时候保持平和。
- 保持班级的有序,创造适宜的做决定的机会,坚持对行为的要求一致。

◆ 当幼儿表现出强烈的控制需要时,记住,幼儿的行为是"关于他们自己的",不要帮他们做决定。

101. 分享玩具和设施

 **问题**

当幼儿进入幼儿园,他们必须学会分享、等候,成为集体中的一部分。当幼儿想要一个玩具,而别人正在玩的时候,消极行为比如发脾气就会发生,或者当他们被要求等候进入活动区的时候,也会发生。通常有最多问题行为的幼儿是那些语言发展迟缓,还没学会"用自己的话"得到想要的东西的幼儿。创造一个促进语言发展的环境很重要,能帮助幼儿提高表达自己需要和愿望的能力。

概述

意识到消极行为与幼儿不能表达需要和愿望有关,与他们难以成为社会性群体的一员有关,你就能设计活动来帮助幼儿发展语言和社会技能,还要确保幼儿在发脾气或做出其他挑战性行为时,无法得到玩具或想要的东西。如果发生了这样的消极行为,要确保不能给幼儿奖励。

 **目标**

学会分辨什么时候发生的问题行为与幼儿不能延迟满足、分享玩具

或成为群体的一员有关，以阻止问题行为的发生。

 技巧

如果你对下面的问题有很多回答"是"，那么幼儿是在用消极行为表达他们要求得到实在的东西。

◆ 告诉幼儿他不能得到玩具或其他东西的时候，他是否经常发生消极行为？

◆ 当幼儿与其他幼儿互动，必须分享玩具的时候，他是否经常发生消极行为？

◆ 要求幼儿等候才能使用或者玩某些东西的时候，他是否经常发生消极行为？

◆ 当幼儿在活动区与其他幼儿一起玩的时候，他是否经常发生消极行为？

◆ 幼儿是否缺乏表达自己的能力？

◆ 幼儿在玩玩具或者其他东西的时候，他的注意力集中时间是否很短，很快从一个玩具转到下一个？

 有效班级管理的要点

◆ 幼儿园的幼儿是在成长和发展的。在婴儿时期，他们的需要被很快满足，他们的声音意味着他们有需要。作为幼儿园的一员，他们学会了用完全不同的方式回应：哭再也不会得到东西。相反，幼儿被期望能够轮流等候、与他人分享并且使用语言来表达自己的需要。

◆ 与家长合作，便于家长学会鼓励幼儿用语言交流，而不是用消极行为来交流。

102. 感觉刺激

问题

幼儿教师对五种感觉很熟悉。然而，还有另外两种感觉——运动觉（前庭觉）和位置觉（本体觉）。运动觉让身体在重力下保持姿势和平衡，本体觉与肌肉和关节运动有关。每个幼儿和成人对感觉刺激类型和数量的需要都不同。当幼儿感觉刺激的需要不能满足时，就会产生问题行为。有特殊需要的幼儿，特别是那些有多动症和自闭症的幼儿，通常有感知觉问题，并会对行为产生消极影响。

概述

当你学会辨认挑战性行为实际反映了感觉刺激的需要时，就能设计出满足幼儿感觉需要的活动。幼儿需要一个"感觉菜单"，这个菜单能提供数量和类型都最理想的感觉刺激。

目标

判断幼儿的行为模式反映了增加还是减少感觉刺激的需要，这样能满足幼儿的感觉需要，创设更加平和的教室。

技巧

如果你对下面的问题有许多都回答"是"，那么幼儿的消极行为就反映了感觉刺激的需要：

- ◆ 幼儿是否要触摸任何看到的东西？
- ◆ 幼儿是否把东西放到嘴里吸吮，如吸吮手指或做出其他类似的行为？
- ◆ 幼儿是否摇晃或者做其他重复的动作？
- ◆ 幼儿集中注意力的时间是否很短？

- ◆ 幼儿是否不专心？
- ◆ 幼儿是否一直在动？
- ◆ 幼儿是否喜欢口味很重的食物？
- ◆ 在操场上或者教室里，幼儿是否对危险不敏感？
- ◆ 幼儿是否很容易冲动？
- ◆ 幼儿兴奋的时候是否很难冷静下来？

有效班级管理的要点

- ◆ 发展中的幼儿有感官体验的需要，并且应该得到有序的满足，才能适应班级环境。教室提供的身体活动和探索活动太少，学前阶段的幼儿就很难适应。圆圈活动的时间太长，幼儿缺乏感官刺激，结果就会引起行为问题。
- ◆ 对有特殊需要和疑似有特殊需要的幼儿，在设计活动满足其需要的时候，听取专业治疗师的意见很重要。

103. 感觉回避

问题

有的幼儿对感觉刺激很厌烦，特别是有特殊需要的幼儿，如多动症或自闭症幼儿，他们不喜欢触摸、声音、气味、味道或运动。另一些幼儿在寻找感觉刺激，但很容易感到过度刺激。教室中每天发生的感觉体验让有些幼儿感到很受伤。他们可能会拒绝触摸橡皮泥或其他贴纸材料，有的幼儿大部分时间都在努力回避其他幼儿，成为"孤独者"，意识到这些的时候，教师应更理解幼儿，而不是简单地认为他们不顺从或不成熟，这只是一种身体上的差异。

 **概述**

幼儿回避困难的活动是由于感觉受到过度刺激引起的,理解了这一点,教师才能在教室中提供一个安全的空间让幼儿重新适应,并且避免给他们提供过多感觉刺激的活动。

 **目标**

如果幼儿的挑战性行为是为了避免感觉刺激而做出的尝试,那么可以让环境更具有结构性,确保幼儿在班级中很舒服,能忍受这些感觉刺激。

技巧

如果你对下列问题大多数都回答"是",班级中幼儿的消极行为就构成了感觉回避。

- ◆ 如果同伴太接近某个幼儿,他是否会做出消极的反应?
- ◆ 幼儿是否会因环境中的噪音捂住耳朵,而其他幼儿似乎并没有觉得噪音影响自己?
- ◆ 幼儿是否挑食,有特殊的饮食结构?
- ◆ 幼儿是否拒绝参加容易弄脏自己的活动,比如玩橡皮泥或者手指画?
- ◆ 幼儿是否做出伤害自己的行为,比如戳眼睛、捏皮肤、咬自己或其他类似的行为?
- ◆ 有太多噪音或者参加高水平的活动时,幼儿是否容易焦虑?
- ◆ 幼儿是否讨厌拥挤或大规模的活动?
- ◆ 幼儿对别人触摸、撞到自己或其他身体接触是否表现出消极行为?
- ◆ 幼儿是否讨厌某种衣服的质地、衣服的标签或接缝处的尼龙线?
- ◆ 幼儿是否讨厌突然的运动?

有效班级管理的要点

◆ 我们每个人,成人或幼儿,都会受到过度刺激。出现这种情况的时候,平常不会让我们烦恼的事情也会变得很难忍受。对于无法忍受大量感觉刺激的幼儿,需要"缓和"周围环境、调整活动,减轻那些提供太多太快刺激的事情对幼儿的伤害。向专业治疗师咨询,他们能提供意见和信息,让你把教室设计得更适合这些幼儿。

104. 与他人互动

 问题

所有人都需要归属感,幼儿需要感到自己是班级互动中的一部分。有的幼儿不知道该怎样加入集体,怎样进入已经开展的活动,怎样开始与其他幼儿互动。有时候,当他们想要加入游戏时,会推别人、用玩具打别人,或者进行其他形式接触。以这种方式试图参与的行为在婴幼儿中很常见,但是在学前阶段,幼儿发展出了更多有水平的交流形式。

 **概述**

应当教会幼儿如何加入小组以及如何加入同伴的游戏。在游戏期间还应进行监督,促使幼儿学会进行同伴互动的适合的方式。

目标

攻击性行为(例如打别人或抓玩具)表明幼儿缺乏社会性技能,学会辨认这一点,才能帮助幼儿学会适宜的社会性技能。

 **技巧**

如果你对下列问题许多都回答"是",那么幼儿做出的挑战性行为很可能表达了他想要与他人互动的愿望。

- ◆ 幼儿在与同伴互动时,是否非常好动或者粗鲁、好打斗?
- ◆ 幼儿发起互动的时候是否推或者打别人?
- ◆ 与同龄人相比,幼儿是否看上去不太成熟?
- ◆ 幼儿是否回避同伴?
- ◆ 幼儿对幼儿园的其他成人是否有攻击性?
- ◆ 幼儿的语言发展是否缓慢?
- ◆ 幼儿是否对玩具和材料也很粗鲁?

 有效班级管理的要点

- ◆ 幼儿希望成为班级正在开展的活动中的一员,但有时候他们不知道如何开始。大部分幼儿已经可以使用语言来加入游戏,这是幼儿通过"发现式学习"从日常生活中习得的一种技能。对于还没学会如何发起游戏或者加入游戏的幼儿,需要把这些技能直接教给他们,可以参考第5章的"帮助幼儿学会加入游戏"一节。

105. 困难的时刻

 **问题**

如果你是个"早起鸟"或者"夜猫子",一天中总有一个时间段是比其他时间段都难应付的。与最佳时间段相比,在困难的时间段里,一个人会更容易没有耐心,有时候会失去完成任务的能力。幼儿也一样,一天中会有很困难的时刻。这个现象通常与需要食物或睡眠有关。

作为成人，有的人更能适应改变、适应缺乏食物或睡眠；对幼儿也一样，有的幼儿能忍受饥饿或者疲惫而不发生重大的问题行为，有的幼儿则不行。

概述

意识到一天中某个具体的时间段对幼儿来说是很困难的时刻，教师就能在流程中做出调整，对这些幼儿有合理的期望。本节知识能帮助你防止产生不适宜的教室行为。

目标

记行为日志能帮助你发现问题行为最容易在什么时间发生。

技巧

使用下面的表格，针对教室里最容易出现问题行为的幼儿，记录他什么时间出现问题行为。每次出现问题行为就在幼儿的名字下做个记号，然后记录下正在进行的活动，记录幼儿是否饥饿或疲劳。

有效班级管理的要点

◆ 总有一段时间是有些幼儿很难熬的，坚持连续记录几天后（用不同颜色的笔记录），你能预料到幼儿什么时候会产生问题，这些信息能预防行为问题的增长，让你尽可能调整流程。

行 为 日 志

时间	幼儿1	幼儿2	正在进行的活动	饥饿	疲惫	其他
8:00—8:30						
8:30—9:00						
9:00—9:30						
9:30—10:00						
10:00—10:30						
10:30—11:00						
11:00—11:30						
11:30—12:00						
12:00—12:30						
12:30—13:00						
13:00—13:30						
13:30—14:00						
14:00—14:30						
14:30—15:00						
15:00—15:30						
15:30—16:00						
16:00—16:30						
16:30—17:00						
17:00—17:30						

106. 艰难的过渡环节

 问题

大部分人都会对适应变化感到困难，幼儿尤其如此，改变活动或常规也许会引起问题。幼儿是习惯成自然的，流程时间表的改变会让他们混乱。教师知道即将发生变化时，应留出时间来准备应对幼儿和可能出现的问题。幼儿对时间几乎没有概念，他们习惯于按照自己的时间表学

习、游戏。如果能在活动改变之前提供一些暗示，警告幼儿将要改变活动，那么对幼儿而言是有帮助的。

概述

幼儿生活经验有限，他们的安全感大部分来自于可预见的生活规律。教师应能够为他们提供常规即将要改变的暗示。

目标

提供可预测的常规，提供改变常规或活动的暗示，让幼儿能够在面对转换时不哭闹或者发脾气。

技巧

为幼儿提供可预见的活动规律，让幼儿可以很容易地从一个环节过渡到另一个环节，可以参考以下方法：

- ◆ 在班级中建立可预测的时间表和流程。
- ◆ 提供展示时间表和活动的图片。
- ◆ 每天早晨用活动图片回顾时间表。
- ◆ 活动的开始和结束都要参考一下图片。随着活动的结束，将图片从一个地方移到下一个地方。
- ◆ 如果要改变活动，在纸上画一个大问号（有时候可以用"百搭牌"）来表示今天的活动会有所不同。
- ◆ 从一个活动向下一个活动转换时，唱一首转换歌，比如"整理歌"或者"现在是____时间"（按照《我们去桑树林》的曲调）。
- ◆ 活动变化了，给幼儿调整的时间，别指望幼儿能像小士兵一样迅速进入角色。

有效班级管理的要点

- ◆ 幼儿习惯于自己的时间表。大部分幼儿习惯饿了就吃、想玩就玩、困了就睡。幼儿进入幼儿园后，他们学会了在集体中生活和游戏，这是新的体验，为幼儿提供可预测的常规能让幼儿有安全感，并且能让他们适应新的体验。

◆ 要记住，幼儿从一项喜欢的活动转向不喜欢的活动很可能会引起行为问题，需要时间来适应变化。明白这些，教师就能帮助幼儿适应幼儿园环境。教师还要在常规中提供一些转变的暗示。

107. 困难的情况、地点和事情

 **问题**

人们知道哪里最舒服、哪里最不舒服甚至是痛苦的。有的地方太吵，有的地方太乏味，还有的地方刺激过多。有些地方对某个幼儿来说是不舒服的，这种不舒服可能会导致问题行为，同样的，某些活动和情况也与问题行为有关。两个幼儿分开的时候每个人都很好，在一起时就会产生严重的问题。有的幼儿在某种类型的活动中会产生问题。

 概述

当你可以预测哪些地方容易产生问题行为时，就可以重新给予指导或者预防问题行为。你可以提供额外的监督，如在幼儿陷入困境之前重新指导他们、提醒他们适宜的行为以及在环境中做出改变。

 **目标**

通过观察和记录预测哪里会发生问题行为，可以在行为发生之前制订一个计划进行阻止。

 **技巧**

使用下面的"问题行为表",至少观察幼儿 3 天,确定问题行为发生在什么地方。记录具体的挑战性行为。明确指出行为,在"地点"一栏记录下行为是在什么地方发生的。记录下问题行为发生的时候幼儿在玩什么玩具或者在用什么物品,在"具体的人"一栏记下发生问题行为时与幼儿互动的同伴的名字。在最后两栏做记号,你认为他在整个事件中受到的刺激是太多还是太少。

问题行为表

姓名:_____

具体行为	地点	物品或玩具	具体的人	刺激过多	刺激过少

有效班级管理的要点

◆ 在分析问题行为时,要考虑很多影响因素。这个记录的过程能让你考虑是否教室中某个地方对幼儿来说是困难的，是否有一个"困难的结合点"，或者某个玩具、物体与行为有联系。当幼儿正在经历困难时，他需要更密切的关注、去那里之前额外的准备、示范适宜的社会行为以及充分的理解。当幼儿出现了"困难的结合点"时，你要么让幼儿单独待一会儿，要么提供更多监督并示范适宜的行为。对于造成困难的物品或玩具，可以暂时拿开一会儿，重新介绍的时候，可以提醒幼儿怎么使用这些物品或玩具。

108. 问题行为的调查问卷

问题

准确理解幼儿的行为对于制订计划，以便教幼儿用更好的方法满足自身需要很重要。

概述

只有理解了影响幼儿及其行为的因素，才能设计出有效的阻止（或减少）行为发生的干预方法，并指导幼儿用更好的方法满足需要。

目标

回答问卷上的问题，列出更完整的影响幼儿的因素。

技巧

完成下面的"问题行为调查问卷"，理解幼儿的具体行为。

问题行为调查问卷

姓名：_____ 日期：_____
具体的一个问题行为：_____

问　　　题	回　　答
1. 影响该行为的家庭因素是什么？	
2. 之前发生了什么事情可能影响该行为？	
3. 行为发生时，教室里发生了什么事情？	
4. 行为发生时，幼儿在跟谁互动？	
5. 一天中哪个时段经常发生问题？	
6. 行为在哪里发生？	
7. 行为发生时，幼儿是否感到厌烦了？	
8. 行为发生时，幼儿是否没有被成人直接监督？	
9. 行为发生时，幼儿是否跟某个幼儿在一起？	
10. 行为发生时，幼儿是否受到了过度刺激？	
11. 行为发生时，幼儿是否被告知"不行"？	
12. 行为发生时，教师是否忙于应对其他幼儿？	
13. 行为的发生是不是为了引起教师的注意？	
14. 行为的发生是不是为了引起同伴的注意？	
15. 行为的发生是不是为了得到幼儿想要的玩具或参加活动？	
16. 行为的发生是不是为了逃避整理？	
17. 行为是否在活动改变时发生？	
18. 行为是否在改变常规时发生？	
19. 行为的发生是不是为了逃避幼儿不喜欢的事情？	
20. 行为的发生能否帮助幼儿冷静下来？	

 有效班级管理的要点

◆ 问题行为不会在真空中发生，发生问题行为是因为它能满足或者过去满足过幼儿的需要。最好是分析问题行为发生的原因并教会幼儿适宜的行为方法，而不是简单地惩罚曾经为他实现目的的行为。

109. 班级行为表

 **问题**

当幼儿表现出问题行为时，判断行为发生的频率很重要。

 **概述**

完成下页的"班级行为表"，能获得行为发生的真实记录。这个表格可以在分析行为的时候使用，也可以用来检验行为是否得到改善。完成的表格能提供行为记录，便于设计行为改变计划。当行为改变计划实施以后，可以再次填写这个表格以便追踪记录。

 **目标**

记录幼儿的问题行为。

技巧

完成下页的表格，每次发生问题行为时在"时间"旁边做好记号，如果行为持续超过 1 分钟，把持续时间记下来。可能的"导火索"和"结果/目的"也要记下来。

有效班级管理的要点

◆ 你的感觉可能是消极行为"无时无刻"不在发生，使用这个行为表它能告诉你消极行为到底多长时间才会真的发生。就像你也许认为"反思椅"是有效的，而事实上完全不起作用。使用这种行为表可以分辨行为是否真的有所改进。

班级行为表

姓名：_____　　具体的一个问题行为：_____

时间	行为	记数	持续时间	导火索	结果/目的
6:00—6:30					
6:30—7:00					
7:00—7:30					
7:30—8:00					
8:00—8:30					
8:30—9:00					
9:00—9:30					
9:30—10:00					
10:00—10:30					
10:30—11:00					
11:00—11:30					
11:30—12:00					
12:00—12:30					
12:30—13:00					
13:00—13:30					
13:30—14:00					
14:00—14:30					
14:30—15:00					
15:00—15:30					
15:30—16:00					
16:00—16:30					
16:30—17:00					
17:00—17:30					
17:30—18:00					

110. 实践案例：布兰达的故事

> **支持这个故事的原则**
>
> ◆ 班级管理需要教师处理好个别幼儿的问题行为。
> ◆ 当一种办法不灵时，试试其他办法。
> ◆ 有些幼儿反应很快，有些幼儿反应较慢，需要更多时间。
> ◆ 处理幼儿的问题时，尽可能多地与其家长沟通。
> ◆ 教师分享自己的经历有利于幼儿理解他们遇到的问题。
> ◆ 当幼儿还不会用语言描述自身的需要和担心时，他们需要成人示范如何表达自己的情感。
> ◆ 幼儿园以外的专业帮助有时也是必要的。
> ◆ 耐心和幽默是成功的幼儿教师所必须具备的特质。

布兰达在秋天加入斯波特老师的班级，不久就开始咬人。4岁的幼儿一般不咬人，经过调查其家庭情况后，老师开始理解为什么布兰达咬人了。事实上，布兰达的父母很关心他，他们无法解释这个行为。斯波特老师召开了家长会，她能确定布兰达攻击性行为的根源来自变化。

在布兰达6个月大的时候，一对都有工作的夫妇领养了她，她是唯一的孩子。放学后，布兰达待在亲戚家里，那里有几个年长的孩子。所有的孩子，包括女孩儿，都很粗鲁，经常吵吵闹闹。布兰达为了反抗他们，就用咬人或者打架来寻求保护。因为咬人是她熟悉的，当她进入幼儿园后就用咬人来表达情绪。斯波特老师开始相信：布兰达咬人的行为是由于受到这些有攻击性的年龄较大的幼儿的欺负，缺乏与其他幼儿的积极互动而引起的。

最初，布兰达咬人很轻，大部分幼儿能够让自己躲开她的牙齿。但是几周后，有几个幼儿成为她喜欢的目标，斯波特老师观察到这些幼儿是布兰达非常喜欢的。尽管把布兰达叫到一边谈了咬人的危险，但随着时间的推移，布兰达咬人的行为更严重了。斯波特老师采取了积极的措施，密切观察布兰达，帮助她避免消极的咬人行为。

但布兰达还是咬人。帮助幼儿理解社会互动是每个幼儿教师的责任，但是，跟布兰达谈论失去朋友或者帮助她意识到自己伤害了他人这些都不能改变她。有的幼儿能保护自己，而另外一些幼儿很容易被咬并且每天都成为她的目标。

斯波特老师下一步的计划是在布兰达每天早上开始咬人之前进行干预。布兰达一来，斯波特老师就问候她，把她带到一边，告诉她不要咬人。"对自己说，"斯波特老师教她，"不要咬！不要咬！"然后，她让布兰达重复这个句子，这样做比较有效。大部分的早晨，这个办法都行得通，布兰达看上去进步了。到上午11:00，自我谈话的办法不起作用了，斯波特老师发现布兰达又要咬人了，特别是当接近午餐时间的时候。

斯波特老师很有耐心，每周都与布兰达的父母讨论。一天早上，在进行忙乱的班级活动时，斯波特老师决定采取更强有力的做法，因为布兰达在30分钟内咬了3个幼儿。她让布兰达的家长来开一个会。这是他们达成的计划：

◆ 布兰达每周由幼儿园专门的咨询师进行会话治疗。
◆ 当布兰达咬人时，家长会把她抱起来带回家，跟她解释因为她咬人而失去了待在幼儿园的权利。由于布兰达很喜欢幼儿园，把她从幼儿园带走的办法最终切中要害。

几个星期后，布兰达的行为改进了。尽管在代班老师或幼儿园常规被打乱的时候她会退步，但咬人的行为几乎没有了。在学年结束的时候斯波特老师很高兴地发现，布兰达咬人的行为已经消失了。接下来的一年，布兰达的老师报告说从没见过她在班级中咬人。

第 8 章

教会使用其他行为方式

如果幼儿过去曾经用过消极行为，他们会再次使用，除非能促进并鼓励幼儿使用新学到的亲社会行为。有时候，幼儿掌握了适宜的社会技能，但是他们并不坚持使用。另外一些幼儿知道怎样才能表现出良好的行为，但仍然做出挑战性行为。这本身已经不是社会技能问题了，而是"表现问题"。如果是这样，你需要促进幼儿在班级中使用适宜的社会性技能。通常是因为挑战性行为更有效，所以幼儿才不在他们的保留节目中使用适宜的社会技能。

出现挑战性行为意味着幼儿需要掌握社会性技能，本章提供了教会幼儿适宜的社会行为的活动和方法，让幼儿不需要再使用挑战性行为。

111. 理解问题

 **问题**

前面的章节分析了问题行为,在设计活动计划来应对问题行为之前,理解行为也很重要,这可以预防问题行为的发生,教会幼儿用更好的方法满足需要。

 **概述**

如果不教幼儿用更好的方法满足需要,他们可能会继续表现出问题行为。

 **目标**

理解问题行为。

教幼儿用更好的方法满足需要,成为积极的、对班级有贡献的一员。

 **技巧**

下面是行为问题的5个要素:
- ◆ 谁:谁是经常发生问题行为的人?
- ◆ 什么:幼儿到底在做什么?
- ◆ 时间:问题行为什么时间发生,多久发生一次?
- ◆ 地点:问题行为在什么地方发生?
- ◆ 为什么:为什么幼儿这么做?行为的结果是什么?

回答完这些问题,就能设计出减少问题行为的活动计划,教会幼儿使用其他行为方式。

有效班级管理的要点

◆ 回答"当_____时，我应该怎么办？"并不容易，也不是一句话能回答的。这需要清楚地理解行为的5个要素，设计出长期改变行为的计划。改变问题行为需要教师付出时间和努力。

112. 公平配对规则

 问题

每个不适宜的行为都对应着一个可选择的适宜行为。理解了消极行为的目的或结果，才能制订出教幼儿选择适宜行为的计划。例如，如果一个幼儿因为想让别人看着自己而抓另一个幼儿的头发，那么这个幼儿应该学会用其他办法达到同样的目的，比如称呼别人的名字，如果她缺乏语言技能，可以教她轻轻拍别人的胳膊。

 概述

教幼儿用积极的办法满足需要是非常重要的。如果只是简单地阻止满足幼儿需要的行为，幼儿虽然会停下来，但是会用更糟糕的行为来代替。

 目标

成功地分析幼儿的行为，确定可选择的（公平配对）行为并教给幼儿。

技巧

分析不适宜的行为，可以参考下面的步骤：
(1) 描述要解决的不适宜行为。
(2) 行为的结果是什么？

(3) 思考你能教给幼儿的可选择行为,即"公平配对"的行为。

下面的图表列举了一些"公平配对"的行为,读完这些例子后,请填上你自己的。

行　　为	结　　果	公平配对的行为
发脾气——踢,尖叫	得到想要的玩具	接受别人"不"的回答
发脾气——踢,尖叫	得到想要的玩具	学会怎样要求得到玩具
发脾气——踢,尖叫	逃避捡玩具	把玩具捡起来
发脾气——踢,尖叫	从圆圈里走出去	在圆圈里坐5分钟
攻击同伴	引起同伴的注意	
攻击同伴	从同伴处拿到玩具	
攻击同伴	避免排队的乏味无趣	

◆ 表格中展现了有些行为从表面上看是一样的,但其目的完全不同,尽管有的行为有同样的目的和结果,根据幼儿的能力和需要不同,他们的"公平配对"行为也完全不同。在表格中,前两个行为都是发脾气,其结果是为了得到玩具。但第二个幼儿的需要是"学会怎样要求得到玩具",第一个幼儿的需要则是"接受'不'的回答"。第一个幼儿已经知道如何要求了,但她的问题是学会接受别人说"不"。第二个幼儿还不会用语言来满足需要。

# 有效班级管理的要点

◆ 决定"公平配对"行为的时候,既要考虑行为的结果,也要考虑幼儿的个体特点。你应该思考并问自己:"这个幼儿需要学什么?我该怎么教她呢?"

113. 选择沟通方法

 **问题**

理解了问题行为后，就会知道问题行为表达着特殊的需要。随着幼儿的成长，他们学会了用社会更接受的方法来表达需要。

 概述

教幼儿可选择的行为时，其实是在教幼儿用更适合的方法表达自己的需要。

目标

教幼儿用语言表达自己的需要。

 技巧

考虑教幼儿可选择的沟通方法，要回答下面的问题：

◆ 具体的问题行为是什么？

◆ 行为表达了什么意思？

◆ 如果幼儿能用语言表达，他会说什么？

◆ "公平配对"的行为是什么？

◆ 你能教幼儿说什么？

◆ 幼儿在什么时候需要使用可选择的行为来沟通？

◆ 幼儿在什么地方需要使用可选择的行为来沟通？

◆ 幼儿使用可选择的行为来沟通时，别人该怎么做？

有效班级管理的要点

◆ 大部分社会性行为表达了我们的需要。许多社会性技巧都是沟通技巧，包括语言和非语言的。下面几节提供了教幼儿用更好的沟通方法来满足需要的例子和一些理解与感悟。

114. 选择社会技能

 **问题**

并非所有幼儿园的环境都能促进社会认可行为的发展，并非所有幼儿都能调整自己使其符合环境提出的社会性期望。这指出了在幼儿园背景下直接指导适宜行为的必要性。这种指导越早越好。

 概述

通常，社会性行为决定了一个人在生活中是成功还是失败。幼儿需要在家庭和幼儿园学习适宜的社会性行为，可以直接学习，也可以在偶发事件中学习。

 **目标**

在很小的时候教幼儿社会性技能，增进他们在幼儿园背景下与人相处的能力。

为幼儿在学前阶段和以后的成功奠定基础。

 技巧

参考以下建议：

◆ 看到问题行为的时候，你要考虑如何指导，而不是惩罚。将幼儿的消极社会行为视为幼儿有被指导的需要。
- ◆ 看到消极行为的时候，努力改变他们的行为，而不是责怪幼儿。
- ◆ 幼儿是在用曾经满足过他们需要的方法在行事，必须教幼儿更好的方法。

 有效班级管理的要点

- ◆ 和年幼的幼儿在一起的时候，教师是在为他们的终身学习打基础。要清楚，教师教给他们的社会技能在以后的几十年都能用到。
- ◆ 教师要对自己的行为有清醒的认识，要示范适宜的社会性行为，因为许多幼儿都会模仿教师的行为。如果教师生气地大叫或者惩罚幼儿，幼儿看到了就会相应地模仿。当教师很冷静，即使在压力下也很理性时，幼儿会做出反应并模仿这些行为。

115. 学习社会性技能的基本原则

 **问题**

确定了幼儿需要学习的社会性技能后，教师要对教什么非常明确。大部分幼儿通过观察周围的人来学习社会性技能。有些社区范例和攻击性行为在某种环境中可以接受，但在幼儿园是不适合的。如果不教会幼儿在幼儿园里所需的社会性行为，他们会继续在问题行为里兜圈子。

 概述

确认了幼儿需要学习的社会技能后，教师最好能使用一些教学策略来教授具体的社会性技能。通过教会幼儿适宜的行为，可增进他们现有的社会技能，为将来学业的成功打下基础。

📖 **目标**

理解传授社会性技能的基本原则,以便于在幼儿园找到用"公平配对"的行为替代问题行为的方法。

📖 **技巧**

使用下面的步骤来确定采用哪种"公平配对"的行为:

(1) 问:"我能教幼儿做什么来替代这些行为?"

(2) 采用"公平配对"的行为,控制在三步或更少的步骤里。例如,如果幼儿受挫的时候扔东西,建议他改做其他事,"公平配对"的行为可以是:

 a. 深呼吸。

 b. 双臂交叉。

 c. 对自己说"冷静!"。

(3) 用下面的步骤描述如何帮助幼儿发展社会性我能,教会幼儿某种行为:

 a. 描述社会性技能及其使用原因。例如,对幼儿说:"你感到难过了,有时候你会扔东西。你扔东西的时候,别人会受伤,你可以换别的事情做,比如深呼吸、双臂交叉,对自己说'冷静!'。"

 b. 让幼儿自己说一说感到受挫折的时候她需要做什么,例如,幼儿说:"我要深呼吸,双臂交叉,对自己说'冷静!'。"

 c. 向幼儿示范这几个步骤。

 d. 下次发生这种情况时,提供一个例子并说:"我要深呼吸,双臂交叉,对自己说'冷静!'。"

 e. 幼儿表现出行为的改变。

(4) 考虑用暗示的方法提醒幼儿在教室里表现好的行为。为幼儿提供大量的教室实践。

(5) 幼儿使用了这些技能。

(6) 争取家长的支持来强化行为。

 有效班级管理的要点

◆ 如果幼儿能在真实情境中表现出积极的行为，做到第三步就可以了。

◆ 如果不确定该教幼儿什么社会行为，看看同一情况下成功幼儿的行为，可以为班级中有社会性问题的幼儿制订出一个社会性技能发展计划。

116．例子：学习开展游戏

 问题

如果幼儿在尝试与同伴互动时很有攻击性，那么他们需要学习更多适宜的社会性技能。如果想让幼儿对别人尊重、有耐心，那么就教他们怎样和别人开展游戏。

 概述

从发展的角度来看，年幼的幼儿会从单独游戏过渡到合作游戏。大部分幼儿通过观察自己的朋友，学会了怎样和别人开始游戏。然而，有的幼儿不知道怎样开始，他们会推人、抓人。随着幼儿的成熟，他们需要学习更多适宜的社会性方法，在游戏中接近别人。

 目标

教会幼儿通过非身体接触的方法加入游戏，而不是打人或者推人，他们能学会这一点。

技巧

根据现实情况、幼儿的语言发展水平、年龄、幼儿的文化背景,幼儿可以有许多适合的方法开始游戏。有些文化或群体比别人愿意接受身体接触。下面是一个教幼儿加入游戏的例子:给朋友一个玩具说"我们来玩吧!"

(1) 向幼儿描述这个社会性技能。比如,

"当你想跟小伙伴玩的时候,给他一个玩具并说:'我们来玩吧!'"

(2) 让幼儿描述这个社会性技能。比如,

问幼儿,"当你想跟小伙伴玩的时候,你该怎么做?"

幼儿重复你跟他说的,说:"我给他一个玩具并说'我们来玩吧!'"

(3) 向幼儿示范该行为。比如,

"看我,你看看我是怎样请小伙伴一起来游戏的。"

让幼儿说说你是否请到了朋友。

问:"我有没有请到朋友来游戏?"

幼儿回答:"是的!"

说:"对,我给了你一个玩具并说'我们来玩吧!'"

(4) 幼儿向你示范该行为。比如,

说:"让我看看你怎样请小伙伴来游戏。"

幼儿向你示范。

说:"很好,你给了我一个玩具并说'我们来玩吧!'"

(5) 跟别的幼儿试试这个办法,示范社会性技能。比如,

问:"我做了什么?"

幼儿描述你做的事情。

(6) 幼儿跟同伴展示。比如,

说:"让我看看你怎样请杰西卡游戏。"

(幼儿跟同伴展示)

说:"很好!你给了杰西卡一个玩具并说'我们来玩吧!'"

有效班级管理的要点

◆ 进行设计，将学习内容转化，让幼儿能够实践这些社会性技能。你可以安排幼儿使用这些社会性技能，你也可以让家长加入进来，帮助幼儿实践这些社会性技能，这样可以帮助幼儿将学到的东西迁移到其他人身上和其他情境中。

◆ 学习的迁移：
- 在幼儿有需要之前暗示他使用社会性技能，提醒他给朋友玩具，说"我们来玩吧！"
- 给家长写一张便条解释你是如何教幼儿社会性技能的。

家长便条范例：

> 亲爱的家长：
>
> 　　本周您的孩子正在学习用社会性技能邀请小伙伴玩游戏。如果您能提醒他在家也使用这些技能，将对我们很有帮助。
>
> 　　下面是您的孩子学习的内容：
> (1) 当您的孩子请他的小伙伴游戏时，他给别人一个玩具。
> (2) 然后您的孩子说："我们来玩吧！"
> (3) 您的孩子想玩游戏的时候，没有推或打他的小伙伴。
>
> 　　当他邀请到小伙伴一起玩的时候，请表扬他的积极性行为。
>
> 　　非常感谢您！

117. 例子：学习轮流

 **问题**

教幼儿学会轮流。当他们能够轮流时，奖励他们。

 **概述**

低龄幼儿尚未发展出轮流的能力。当婴儿扔给你一个玩具的时候，他们就是开始在尝试轮流，表扬这个行为并把玩具扔还给他。如果这个"社会性的相互作用"没有被强化或者没有发生过，就需要教幼儿轮流。

 **目标**

教会幼儿简单的轮流技巧。首先用小玩具和一个铜板，接下来让几个同伴加入或者加入更多物品。

 **技巧**

教幼儿轮流的步骤如下：

（1）向幼儿描述这个社会性技能。比如，

对幼儿说："当你想跟小伙伴玩的时候，你们需要轮流着来。你可以通过对自己说'该我了——该你了'，来确认轮流的顺序。"

（2）让幼儿描述这个社会性技能。比如，

问幼儿："轮流的时候，你该怎么做？"

幼儿说："我说'该我了——该你了。'"

说："对，我说'该我了——该你了。'"

（3）向幼儿示范该行为。比如，

"看我，看看怎样轮流玩这个小汽车。"

说:"该我了。"开一会儿小汽车,然后,把玩具汽车给幼儿说:"该你了。"幼儿玩了一会儿小汽车后,伸出你的手说:"该我了。"多次重复这个过程,直到幼儿愿意轮流。通过这样的方式,幼儿能确定可以轮到自己。

(4) 幼儿向你示范该行为。比如,

"让我看看你怎样轮流。"

幼儿向你示范,说:"该我了——该你了。"然后轮流玩小汽车。

承认幼儿付出努力学会了轮流。

(5) 通过跟同伴示范,问幼儿是否跟同伴分享了,从而给幼儿一些社会性技能的例子。比如,

"看我,我是否跟杰米轮流玩了?"说:"该我了——该你了。"跟杰米轮流玩小汽车。

然后问幼儿:"我做了什么?"

幼儿描述你所做的事。

(6) 幼儿跟同伴展示。比如,

跟幼儿说:"让我看看你怎样请杰米轮流玩。"

(幼儿跟同伴展示)

说:"很好!你说了'该我了——该你了',你跟杰米轮流玩了。"

有效班级管理的要点

- ◆ 对年幼的幼儿来说,轮流是个很难的概念。在教幼儿轮流时,要选一个使用方便、便于给其他人的玩具。能让幼儿学会轮流的例子有:玩小汽车、搭积木、合作画画、玩球。不要选比较复杂或者需要想象的游戏,因为幼儿需要等很长时间才能轮到。同样,新玩具或者幼儿很珍惜的玩具也很难让他们理解轮流的概念。
- ◆ 学习的迁移:
  - 在游戏之前暗示幼儿要轮流。在游戏过程中,告诉幼儿记住轮流。
  - 用各种不同的物品练习轮流。
  - 当幼儿能够跟你和同伴轮流后,你可以给他介绍这个概念"该我

了——该你了——该杰米了。"

- 给家长写一张便条（参考下面的例子）解释你正在教的社会性技能。

家长便条范例：

亲爱的家长：

本周您的孩子正在学习的社会性技能是轮流。请提醒您的孩子在家也要轮流，支持我们在幼儿园的工作！

下面是您的孩子学习的内容：
(1) 当您的孩子和他的小伙伴游戏时，他能够轮流。
(2) 您的孩子会说："该我了——该你了"。
(3) 您的孩子和别的孩子轮流玩玩具。

当他在家跟别人轮流玩的时候，请给予他表扬。

非常感谢您！

---

118. 例子：学习分享

问题

你希望幼儿在来到幼儿园之前就已经知道如何分享了，但其实许多幼儿还不知道。幼儿需要在幼儿园具体学习怎样与朋友分享。

概述

许多幼儿不需要跟兄弟姐妹或同伴分享。分享并不是人类天生的，所以必须教会幼儿如何与同伴分享。

目标

教会幼儿如何分享,让他们有机会体验与分享者的友谊。

为幼儿进入小学能有良好的行为和同伴关系奠定基础。

技巧

教会幼儿分享的办法如下:

(1) 向幼儿描述这个社会性技能。比如,

"有时候,当你玩玩具的时候,你的朋友也想玩,你应该跟朋友分享。"

"你的朋友想要玩你正在玩的玩具,你可以对他说'我再玩一会儿',玩好以后,把它给你的朋友玩。"

(2) 让幼儿描述这个社会性技能。比如,

问幼儿:"当你的朋友想要玩你正在玩的玩具时,你该怎么做?"

幼儿重复你之前解释的内容。

说:"对,你说'再玩一分钟'。玩好以后,把它给你朋友玩。"

(3) 向幼儿示范该行为。比如,

说:"看我,看看应该怎样分享。"示范与幼儿分享卡车或玩具。

让幼儿说说你是否分享了,问:"我跟你分享了吗?"

幼儿回答:"是的。"

说:"对!我说'再玩一分钟'。我玩好以后,就把卡车给你玩了。"

(4) 幼儿向你示范该行为。

说:"让我看看你怎样分享。"

说:"对!你说'再玩一分钟'。你玩好以后,就把卡车给我玩了。"

(5) 通过跟幼儿的一个同伴示范,教会幼儿掌握该社会性技能。比如,

问:"我做什么了?"

幼儿描述你所做的事。

(6) 幼儿跟同伴展示。比如,

说:"让我看看你是怎样跟乔舒亚分享的。"

(幼儿跟同伴展示)

说:"很好!你说'再玩一分钟'。你玩好以后,就把卡车给乔舒亚了。"

有效班级管理的要点

◆ 除非你使用学习迁移的方法,否则幼儿不会在班级里使用这个社会性技能。你需要暗示幼儿分享。

◆ 学习的迁移:
  - 在这项社会性技能需要之前就暗示幼儿。区域活动开始之前是暗示幼儿的好时机。
  - 让家长参与进来能帮助幼儿把这项技能迁移到其他人身上和其他情境中。给家长写一张便条(参考下面的例子)解释你正在教的社会性技能。

家长便条范例:

亲爱的家长:

本周您的孩子正在学习的社会性技能是分享。请提醒您的孩子在家也要分享,支持我们在幼儿园所教的内容。

下面是您的孩子学习的内容:

(1) 当朋友想要您的孩子正在使用的玩具时,他说:"再玩一分钟。"

(2) 您的孩子玩好了。

(3) 然后您的孩子把玩具给他的朋友。

当他在家与别人分享时,请给予他表扬。

非常感谢您!

119. 例子：学习在圆圈活动时间坐下来

 **问题**

在学习时间，幼儿必须坐着，并在某个时间做出回应，这对某些幼儿来说是很困难的。例如，当幼儿在圆圈活动时间坐下来有困难时，焦点应该放在教幼儿适宜的行为上，而不是训斥幼儿。

 概述

当你示范在圆圈活动时间坐下来并教幼儿适宜的行为后，他们就会学到什么是期望的行为。惩罚幼儿在圆圈活动时间做出的不适宜行为，无法让他们学会适宜的行为。社会技能，比如在圆圈活动时间坐下来，必须具体地教给某些幼儿。

 **目标**

教幼儿在圆圈活动时间坐下来的适宜行为。
教幼儿参与到集体活动中去。

 **技巧**

教幼儿在圆圈活动时间坐下来的步骤如下：
(1) 向幼儿描述这个社会性技能。比如，
说："圆圈活动，小腿盘起来，小手叠起来，说'交叉—交叉—苹果酱'。"
(2) 让幼儿描述这个社会性技能。比如，
问幼儿："当圆圈活动时间到了，你该怎么做？"
幼儿描述在圆圈活动时间她在做什么。
说："对，你把小腿盘起来，小手叠起来，说'交叉—交叉—苹果酱'。"

(3) 向幼儿示范该行为。比如,

示范并说:"看我,看看怎样在圆圈活动时间坐着。"

问:"我刚才坐在圆圈里了吗?"

幼儿回答:"是的。"

说:"对!我把小腿盘起来,我把小手叠起来,我说'交叉—交叉—苹果酱'。"

(4) 幼儿向你示范该行为。比如,

说:"让我看看你怎样坐在圆圈里。"

说:"对!你把小腿盘起来,你把小手叠起来,你说'交叉—交叉—苹果酱'。"

(5) 跟另一个幼儿示范该行为。比如,

问:"我做什么了?"

幼儿描述你所做的事。

(6) 幼儿示范在圆圈活动时间坐下来。比如,

说:"让我看看你怎样在圆圈活动时间坐下来。"

(幼儿跟同伴展示)

说:"很好!你把小腿盘起来,你把小手叠起来,你说'交叉—交叉—苹果酱'。"

有效班级管理的要点

◆ 提醒幼儿在圆圈活动时间坐下来,在其他时间,也表现出适宜的行为。说"记住'交叉—交叉—苹果酱',你把小脚盘好了,你把小手放在膝盖上,说'交叉—交叉—苹果酱'。"表扬幼儿在圆圈活动时间适宜的行为。

◆ 给家长写一张便条(参考下面的例子)解释你正在教的社会性技能。

家长便条范例:

> **亲爱的家长:**
> 　　本周您的孩子正在学习的社会性技能是在圆圈活动时间坐下来。请让您的孩子给你展示他在圆圈活动时间如何坐下来,支持我们在幼儿园所教的内容。
>
> 　　下面是您的孩子学习的"在圆圈活动时间坐下来"的内容:
> (1) 我的小腿盘起来
> (2) 我的小手叠起来。
> (3) 我说"交叉—交叉—苹果酱"。
>
> 　　当他向您展示他在圆圈活动时间是怎样坐下来的时候,请给予他表扬。
>
> 　　非常感谢您!

120. 例子:学习排队等候

 问题

　　等候并非天性,通过教幼儿适宜的方式来排队等候,可以防止很多问题。

 概述

　　当幼儿第一次进入幼儿园时,他们就要学习排队等候。这是我们都

不喜欢的技能——只有少数成人喜欢排队等候。然而,这是我们所有人都需要的,当幼儿进入幼儿园的时候,排队等候尤其重要。

目标

教会幼儿在排队的时候什么是期望的行为,以后,当他们进入小学后,就能不打扰别人或打断上课而自觉等候了。这是对全班都有好处的技能,也可以单独教排队等候有困难的幼儿。

技巧

教幼儿排队等候的步骤如下:

(1) 向幼儿描述这个社会性技能。比如,

说:"当我们排队等候的时候,我们要向前面的人看齐,把手放在身旁,我们站得很直。"

(2) 让幼儿描述这个社会性技能。比如,

问幼儿:"在排队等候的时候,我在做什么?"

幼儿描述你排队等候的时候在做什么。

说:"对,我向前面的人看齐,把手放在身旁,我站得很直。"

(3) 向幼儿示范该行为。比如,

说:"看我,看看怎样排队等候。"

在特别需要排队等候的地方示范。当你说"我把手放在身旁",可以把手叠起来,也可以把手分开放在两旁,或者说"我把小熊放在山洞里"(将手放在身后),或者说"我把小蜜蜂放在蜂箱里"。

当你说"我站得很直"时,夸张你的姿势。

问:"我排队等候的样子正确吗?"

幼儿回答:"是的。"

说:"对!我向前面的人看齐,把手放在身旁,我站得很直。"

(4) 幼儿向你示范该行为。比如,

"让我看看你怎样排队等候。"

说:"对！你向前面的人看齐，把手放在身旁，你站得很直。"

(5) 跟另一个幼儿示范该行为，给幼儿一个实例，问他你是否正确地排队等候了。比如，

问:"我做什么了？"

幼儿描述你所做的。

(6) 幼儿示范怎样排队等候。比如，

说:"让我看看你怎样排队等候。"

(幼儿跟同伴展示)

说:"很好！你向前面的人看齐，把手放在身旁，你站得很直。"

有效班级管理的要点

◆ 确保在排队等候之前提醒幼儿，不要要求幼儿等太长时间，这很重要。幼儿能等候多久取决于他们的年龄、他们过去的经历、他们的性格以及他们是否学会了安静等候。教师希望幼儿表现出来的行为根据情况不同也会各种各样。有的教师希望幼儿安静地排队等候，有的则不然，更多是取决于幼儿的年龄和具体情况。在等候的时候，可以唱歌或者做手指游戏，让幼儿不那么难熬。排队等候的技巧与排队走路不同，需要教师给予幼儿额外的指导。

◆ 学习的迁移：

- 在需要排队等候之前暗示幼儿使用这个社会性技能，回顾等候的步骤。
- 用手指活动、小汽车、玩偶等示范如何排队等候。
- 给家长写一张便条（参考下面的例子）解释你正在教的社会性技能。

家长便条范例：

> **亲爱的家长：**
>
> 本周您的孩子正在学习的社会性技能是排队等候。如果您让孩子向您展示如何排队等候，将对孩子在幼儿园的学习很有帮助。
>
> 下面是您的孩子学习的排队等候的内容：
> (1) 向前面的人看齐。
> (2) 把手放在身旁。
> (3) 站得很直。
>
> 当您的孩子向您展示他如何排队等候时，请给予他表扬。您的孩子也可以向您展示玩具（动物、纸偶、玩偶、小汽车）怎样排队等候。
>
> 非常感谢您！

121. 例子：学习控制愤怒

 问题

幼儿在很小的时候学会控制自己的脾气很重要。随着成长，幼儿会更容易发脾气或不恰当地表达愤怒。

 **概述**

控制愤怒对许多人来说都是一个难题。幼儿在小的时候，会经常发脾气和哭闹。有的幼儿可能缺乏适宜的成人角色来示范如何控制他们的

愤怒。本书前面提到过，幼儿需要学会用语言表达他们的感受，但在此之前，需要先冷静下来，才能表达自己的感受。

 **目标**

教会幼儿冷静下来，以便于他们控制自己的愤怒。让幼儿学会用自我控制的策略取代愤怒的冲动。

 **技巧**

帮助幼儿学会控制愤怒的步骤如下：

（1）向幼儿描述这个社会性技能。比如，

说："我们生气的时候，也许会说出、做出伤害别人的事情。我们要做的是双臂交叉，深呼吸，并且说'控制'。"

（2）让幼儿描述这个社会性技能。比如，

问幼儿："生气的时候，我该做什么？"

幼儿双臂交叉，深呼吸，并且说"控制"。

说："对，我双臂交叉，深呼吸，并且说'控制'。"

（3）向幼儿示范该行为。比如，

说："看我，看看生气的时候该怎样做。"（示范）

让幼儿告诉你，你生气的时候是怎么做的。

问："我有没有双臂交叉，深呼吸，并且说'控制'？"

幼儿回答："是的。"

说："对！我双臂交叉，深呼吸，并且说'控制'。"

（4）幼儿向你示范该行为。比如，

说："让我看看你生气的时候做什么。"

幼儿向你示范。

说："对！你双臂交叉，深呼吸，并且说'控制'。"

（5）提供一个处理愤怒的积极例子，问幼儿你做得是否正确。比如，

问："我做什么了？"

幼儿描述你所做的事。

(6) 幼儿示范生气的时候做什么。比如，

说："让我看看你生气的时候要做什么。"

(幼儿展示)

说："很好！双臂交叉，深呼吸，并且说'控制'。"

有效班级管理的要点

◆ 幼儿需要事先提醒来控制自己，在幼儿可能出现愤怒情况之前，让他们练习这个技能，有的幼儿可能比其他人需要更多的实践和提醒。

◆ 看到幼儿开始不安时就暗示他使用这个社会性技能。不要等到彻底发生了再去提醒他"控制"。

◆ 给家长写一张便条(参考下面的例子)解释你正在教的社会性技能。

家长便条范例：

亲爱的家长：

本周您的孩子正在学习的社会性技能是控制愤怒。如果您看到孩子开始不安就提醒他这样做，这会对我们在幼儿园的工作有帮助。

下面是您的孩子学习的控制愤怒的内容：

(1) 双臂交叉。

(2) 深呼吸。

(3) 说"控制"。

当您的孩子控制他的愤怒时(双臂交叉,深呼吸,并且说"控制")，请给予他表扬。

非常感谢您！

122. 向海龟学习

问题

幼儿在生气或者难过的时候很容易做出身体反应。当他们不安的时候，需要教他们方法来控制身体冲动去打、踢、咬或使用伤害性语言。通过使用海龟技术，向幼儿展示如何控制身体。用具体的例子"海龟先生"来说明，海龟难过的时候会把腿缩进壳里，这与前面说的控制愤怒的策略相似。

概述

幼儿需要有意义的例子来学习难过的时候怎样控制身体打、咬、踢的冲动。通过海龟的例子，结合科学指导与社会性技能教学，可以提供具体的、印象深刻的方法来教幼儿控制他们攻击性的倾向。

目标

教幼儿在难过的时候自我控制，而不是采用攻击性行为。海龟技术能让幼儿学会自我控制的方法。目的是让幼儿能自我管理，更适应社会。

技巧

海龟技术：

(1) 作为班级活动，观察真实的海龟或者观看录像。
(2) 让幼儿观察海龟难过的时候是怎么做的。
(3) 问："海龟先生难过的时候在干什么？"
(4) 让幼儿注意海龟难过的时候缩起了它的腿。
(5) 在班级里扮演海龟，收起胳膊和腿，缩起脑袋。

(6) 问幼儿海龟先生在他的壳里感觉怎么样。(安静,平和)

(7) 让幼儿练习"海龟游戏"。

(8) 问问幼儿,当他们生气或难过的时候在干什么。他们的手可能在做什么?(打)他们的腿可能在做什么?(踢)他们的嘴巴在干什么?(说难听的话或咬人)

(9) 向幼儿展示他们可以像海龟先生一样,难过时缩起胳膊和腿、闭上嘴,冷静下来。

(10) 在一天中的任何时候,铃声响起时都可以玩海龟游戏。

(11) 看到幼儿开始不安,暗示他们"像海龟先生一样冷静"。

有效班级管理的要点

◆ 这个过程需要时间和指导。不要让幼儿玩真海龟,因为可能有沙门氏菌。然而,为了观察,可以用安全的容器给幼儿看海龟和它的家,幼儿会很有兴趣并准备学习这个技术。注意,海龟不能被圈养太长时间。以海龟为例教授自我控制的方法符合幼儿年龄,并很容易理解。

123. 充分利用让幼儿分心的物品

问题

等待或保持坐着5分钟对幼儿来说时间太长了。充分利用让幼儿分心的物品能让幼儿保持更长时间的参与。

概述

在银行排队时、在等候看医生时、坐在牙医的椅子上时,即使是成人,有时候也很难保持冷静。幼儿对某些状况感到困难也不足为奇,比如长时间等候或者一直坐着。跟成人一样，幼儿也需要在长时间等候或者坐着的时候干点什么。

 **目标**

逐渐让幼儿能更长时间地参与活动。充分利用让幼儿分心的物品，使幼儿不需要用消极行为逃避他们不喜欢的活动。

 **技巧**

这个方法最好用于幼儿通过消极行为来逃避不喜欢或厌烦的活动的情况。最常见的是等候或在圆圈活动、集体活动中一直坐着。让幼儿学会保持参与的步骤如下：

（1）确认幼儿的消极行为是为了逃避任务。

（2）观察幼儿和教室，看是否有幼儿喜欢的、能抓握的玩具或物品。最好的例子是"菲利玩具"，包括小动物玩偶、戴帽子的宝宝、有质感的橡皮玩具如小刺猬、填充的小蛇玩具。幼儿能在等候或坐着的时候拿着。书也是幼儿等候时可以用的好材料。

（3）当需要幼儿等候或者坐着的时候，给他们玩具、书或其他幼儿喜欢拿的东西。

（4）表扬幼儿正在安静地等候或坐着。

 有效班级管理的要点

◆ 充分利用让幼儿分心物品的办法对年幼的幼儿特别有效，对年龄大的注意力集中时间很短的幼儿也有效。

124. 正确使用"计时隔离"

问题

许多教师使用"计时隔离"教幼儿学会自我管理。不幸的是，这个方法经常被误用，幼儿并不理解为什么自己被送到计时隔离椅上。

概述

任何班级管理策略都应仔细设计并向幼儿解释清楚，以免幼儿对此感到困惑。

目标

正确使用计时隔离，帮助幼儿理解他们可以控制自己的行为，帮助幼儿成为独立的学习者和思考者。

技巧

计时隔离椅是用于帮助幼儿安静下来和缓和情绪的地方，如果把它作为一种惩罚就错了。下面有一些改善使用计时隔离方法的小贴士：

- ◆ 指定一把椅子用于计时隔离。
- ◆ 向幼儿解释什么是"计时隔离"，示范椅子如何使用。
- ◆ 送一个幼儿去"计时隔离"的时候，向他解释原因。
- ◆ 让幼儿在计时隔离椅上待一小段时间（幼儿的年龄是最好的规则——3岁幼儿3分钟，4岁幼儿4分钟等）。
- ◆ 问问幼儿是否冷静下来或者能够控制自己的情绪了，如果他说"是的"，允许他回到正常的活动中；如果他说"没有"，跟他谈谈如何在集体中控制自己。

- 当幼儿准备好回到正常的班级活动时，给他一个机会回到原来玩的游戏中。
- 如果幼儿的行为又不好了，对幼儿严厉一些，让他选择参加另一个活动。

 有效班级管理的要点

- 在使用"计时隔离"时，向幼儿解释这能帮助他们理解自我规范。
- 如果幼儿想要逃避活动或者想避开另外一个幼儿，都不能使用计时隔离的办法。
- 不能将幼儿禁锢（绑）在计时隔离椅上，这样做不仅会伤害幼儿的自尊心、没有效果，而且违犯了很多地方的法律。

125. 用整个身体倾听

 问题

在圆圈活动时间、其他需要安静就坐和专心听讲的重要时间，大部分幼儿都很难坐下来。幼儿并不懂得如何倾听。如果学会了倾听，他们会更容易理解任务，表现也会更好。

 概述

倾听不仅涉及耳朵，更涉及全身。可以示范给幼儿看，成为一个有效的倾听者该怎么做。通过教授倾听技巧，教师能把焦点放在幼儿应该学会的适宜行为上，而不是放在消极行为和管理结果上。通常，主动比被动要好。

 **目标**

教幼儿倾听的时候（例如圆圈活动时间和幼儿必须不受干扰地倾听教学的时间）该做什么，这样才能学会做一个有效的倾听者。

 **技巧**

教幼儿成为良好的倾听者，可使用下面的办法：

(1) 好的倾听者知道怎样用全身倾听。他们用身体的七个部位倾听。你能猜到是哪些部位吗？（向幼儿询问额外的答案）
- 耳朵：倾听的时候打开耳朵。
- 眼睛：倾听的时候看着讲话的人。
- 嘴巴：倾听的时候闭上嘴巴。
- 手：倾听的时候手叠放在膝盖上。
- 脚：倾听的时候脚放在地板上。
- 坐：倾听的时候坐在椅子（垫子、地毯等）上。
- 脑：倾听的时候打开大脑，思考他在说什么。

(2) 示范倾听，描述你身体的七个部位在干什么。

(3) 对幼儿说："向我展示我们是怎么倾听的。我们打开耳朵（点一下并做手势）。我们看着讲话的人（手势）。我们闭上嘴巴（夸张的示范）。我们把手放在膝盖上（手势）。我们把脚放在地板上（手势）。我们坐在椅子上（手势）。我们打开大脑来听（点一下并做手势）。"幼儿示范倾听的行为。

(4) "哇！我看到了多么好的听众呀！让我们听一听_____（小故事、诗歌、歌曲等）。"

有效班级管理的要点

◆ 教会了倾听行为后，保持倾听活动的简洁和可参与，以确保幼儿的成功，然后表扬幼儿是一个好的倾听者。当他们能很好地倾听后(保持安静、一直坐着),可以问他们问题,如果他们能回答出关于故事、歌曲、游戏等内容的问题,表扬幼儿是一个好的倾听者。长时间的圆圈活动并不适合年龄较小的幼儿,要清楚地知道幼儿应该坐多长时间。

126. 合作活动

问题

大部分成人知道,当他们要做一些不愉快、困难或者厌烦的事情时,与人合作会感觉好一些。如果能得到帮助,任务就不会那么难完成了。幼儿也是同样的感受。对幼儿来说,让幼儿捡玩具或者整理是一件大事(即使看上去是个小事)。其他时候,幼儿也许会勉强完成任务或项目,如果教师能帮助幼儿完成,幼儿就能学会做出努力并为之感到骄傲。

概述

虽然教师认为教室里有非常好的活动,幼儿在完成任务时不会感到不愉快,但是事实往往并非如此。幼儿需要完成符合其年龄的小任务,即使是他们讨厌的。他们需要学会整理、收拾自己造成的混乱局面,如果能帮助幼儿开始一个新活动,他们会真正发现其中的乐趣。

目标

帮助幼儿提高完成任务的能力,这些任务最初被认为是令人不愉快、让人厌烦或有威胁的,只是因为这些任务是新的。

减少班级中的冲突。

 **技巧**

鼓励幼儿承担可能会觉得不愉快的任务时，可考虑以下方面：

◆ 这个方法在幼儿拒绝完成任务时最有效。

◆ 这个对应对消极行为特别适合，这种消极行为是幼儿用来逃避他们不喜欢的任务而表现出来的。

◆ 监控你自己的态度，保持积极和热情。

◆ 例如：
  - 整理积木，说："你把大的积木捡起来，我来捡小的。"
  - 收拾蜡笔，说："你把长的整理好，我把断掉的整理好。"
  - 对于新的艺术活动，说："你来画，我来折纸。"

◆ 很多时候，幼儿只是需要一点点帮助来开个头。

◆ 当幼儿能很好地完成任务时，让他认为他做得多，你做得少。

 有效班级管理的要点

◆ 避免幼儿之间的争斗很重要。当教师保持积极和热情时，幼儿会更主动地完成任务。这个方法并不是为了操控，而是为了教会积极的行为，否则，幼儿可能会表现出严重的问题行为。

127. 热身活动

 问题

有些幼儿有不同的理由来拒绝遵守指导：喜欢其他活动、活动是新的、他们不理解该做什么等。在提出要求之前，可以安排一些热身活动，幼儿会更愿意做出积极的回应。

概述

这个方法是基于做出回应的行为原则提出的：在提出要求之前，需要给人们时间调整自己。有时候，幼儿能遵守要求，而不需要时间去适应新的形势或人。销售人员很清楚使用热身活动的原则。他们会先问一些能产生积极回答的问题，而不会先要求顾客买东西。

目标

使用热身活动，以便幼儿对对自己并不太有吸引力的指令做出积极的回应。

技巧

这个办法对那些被描述成反抗的、不顺从的幼儿最有效。当幼儿通过消极行为逃避任务时，可以使用热身活动。

(1) 充分了解幼儿，决定如何进行。例如，你知道这个幼儿拒绝把恐龙玩具放在一边，你还知道他喜欢玩恐龙游戏，在游戏中听从指令，比如"让恐龙走路"、"让恐龙跳起来"以及"让恐龙吃饭"。

(2) 给幼儿三个能遵守的简单要求，例如"让恐龙走路"、"让恐龙跳起来"以及"让恐龙吃饭"。

(3) 当幼儿享受游戏，听从你的指导后，让幼儿做你想让他做的任务，例如"让恐龙消失在山洞里"，然后给幼儿展示怎样将所有恐龙玩具送回"山洞"。

(4) 其他例子包括：

- 在圆圈外开展简单的运动。让幼儿服从简单的小组指令，比如跳、前进、伸展——然后让他们排队从操场上走进来。
- 让幼儿确认身体部位——然后要求他们坐在垫子上。
- 让幼儿伸出右手跟你拍手，伸出左手跟你拍手，再给你一个拥抱——然后躺在小床上午休。

(5) 确保幼儿服从指令。

 有效班级管理的要点

◆ 这个方法的目的是教会对幼儿有益的社会性行为。这个办法可以避免冲突，并让幼儿学会适宜的社会性行为。

128. 奶奶的规则

 **问题**

奶奶的规则是这样的：先把绿蚕豆吃掉，然后才能吃甜点。奶奶的规则也被认为是普雷马克原则：如果在不喜欢的活动后面跟着喜欢的活动，不喜欢的活动将更容易完成。安排活动流程的时候，考虑这个原则，可以让班级运转得更好。

 概述

所有人都有他们喜欢和不喜欢的东西。没有人可以只做喜欢的事情度过一生。当班级流程交替安排喜欢程度低和喜欢程度高的活动时，幼儿会更容易表现出适宜的社会性行为。

 目的

通过使用奶奶的规则安排班级活动流程，将消极行为减到最少。喜欢程度低的活动后面跟着喜欢程度高的活动。

 **技巧**

参考以下步骤：

(1) 确认一天中最容易出现问题行为的时间。可能的例子包括喜程度低的活动，例如整理时间、幼儿必须坐着的时间、转换时间。
(2) 确认一日活动中哪些是幼儿盼望的。可能包括户外自由游戏、区域活动、茶点、音乐活动和午饭。
(3) 制订一个时间表，喜欢程度低的活动后面跟着喜欢程度高的活动。
(4) 到了整理时间或者坐下来的时间，提醒幼儿在完成手中的任务之后，可以去操场、吃午饭或者参加喜欢的活动。
(5) 在比较困难的任务中幼儿表现出好的行为，要肯定他们。

有效班级管理的要点

◆ 尽管圆圈活动很有趣，参与性也很强，但是很多幼儿都觉得坐着是很困难的，如果流程安排安静或久坐的活动与游戏交替，会更好地满足很难坐下来的幼儿的需要。有多动症的幼儿只能有小段时间坐着，接下来需要活动。当他们能更好地坐着了，可以延长时间。要记住，幼儿个体有不同的偏爱和喜好。

129. 延迟暗示

问题

使用延迟暗示能让幼儿获得更多的自我控制，这样他们能长时间地参与活动。

概述

大部分人参加会议的时候会发现主持人使用了延迟暗示，例如"再有一分钟就完成了"或"我还要谈一点，你们就可以回家了"。这种暗示能让人们在知道很快就要结束的情况下保持参与，好的说话者能使用延迟暗示抓住听众，以免观众坐立不安。教师可以在班级里使用延迟暗示。

 **目标**

通过使用延迟暗示，让幼儿延长注意力集中时间并更长时间地坚持执行任务。

 **技巧**

当幼儿表现出消极行为，要逃避他感到困难或不喜欢的活动时，可使用这种方法。

(1) 观察幼儿，确认一天中哪些任务对他来说是困难的（那些他容易表现出消极行为的）。

(2) 看看幼儿在坐立不安之前能坚持执行任务多长时间。

(3) 一旦知道了幼儿能坚持一项任务或活动的时间，就可以在他将要开始厌烦的时候提出延迟暗示。

(4) 延迟暗示是这样的："还有一分钟，你就可以站起来了"，"我们基本结束了——还有一分钟你就可以吃点心了"，以及"再有两分钟，我们就完成了"。

(5) 一旦幼儿习惯了延迟暗示，可以在继续之前增加活动时间或任务数量，例如："再有2分钟，我们就完成了"，"我们基本结束了——还有5分钟就可以吃点心了"，以及"再有3个我们就完成了！"。

 有效班级管理的要点

◆ 这很容易做，使用延迟暗示的时候不要超出幼儿的忍耐极限。不要希望太多太快，时机很重要——仔细观察，寻找幼儿开始不耐烦或者坐立不安的时刻。期望要符合实际。如果要求幼儿做得太多太快，结果可能会适得其反——人人都想逃避。如果幼儿不同寻常地坐立不安或感觉不舒服，又或者当天早些时候遇到了困难，要特别小心是否让幼儿继续活动。

130. 帮助朋友

问题

改进幼儿的行为,让他和一个社会性技能好的幼儿结对子,对方能进行角色示范,引导适宜的社会性行为。通常,幼儿从班上具有与其同样个性特点的同伴身上学到的最多。

概述

观察学习的力量已经被认可多年。社会学习理论立足于这样的事实,即人们通过观察和模仿学习。幼儿是敏锐的观察者和模仿者——他们通常观察和模仿那些你不想让他们做的行为。这种观察和模仿同伴的能力可以在班级中形成强有力的力量,特别是当有问题行为的幼儿跟有良好社会性技能的幼儿配对时。

目的

在班级中通过同伴结对让幼儿学会适宜的社会性行为。

技巧

考虑下面的步骤:

(1) 选择几个能胜任的幼儿来与其他幼儿结对。能够胜任结对的幼儿的重要特点包括:有积极的态度、有与他人相处的能力、有好的语言技能、有帮助别人的热情、身体健康等。

(2) 在有社会性互动机会的时候,比如区域活动时间或者户外游戏时,让幼儿跟同伴结对。

(3) 在有组织的群体活动比如圆圈活动中,让有问题行为的幼儿坐在两个社会性技能良好的同伴之间。

(4) 确保有好几个幼儿做结对伙伴,否则结对的幼儿可能要负太多责任而引起幼儿的行为困难。

(5) 跟结对的幼儿解释他能帮朋友学会游戏,通过这个特别的技能可帮助别人,向他示范这个技能,以便他知道该怎么做。

(6) 告诉结对的幼儿,如果需要帮助一定要找你。

(7) 确定这个结对的幼儿是个热心人,感谢他帮助了朋友。

 有效班级管理的要点

◆ 幼儿从同伴身上学习技能比接受成人指导更容易。在使用同伴结对时,要轮流,不要让任何人感到疲惫。应对有问题行为的幼儿,对幼儿来说也和你一样感到困难,肯定幼儿的进步,让他们知道你有多感谢他们。

131. 寻求家长的帮助

 问题

家长比任何人都了解自己的孩子。在寻求家长帮助的时候,你是在跟能在幼儿一生中都持续帮助他的人一起工作。当家长和教师一起教幼儿适宜的社会性行为时,幼儿定能受益。

 概述

当家长支持行为改变计划时,幼儿更能将期望的社会行为迁移到其他人和情境。

 **目标**

建立家长—教师的伙伴关系，帮助幼儿改进行为。

促进幼儿行为的持续改变，使其能迁移到幼儿园以外的其他情境中。

 **技巧**

考虑下面的内容：

◆ 确保家长从一开始就理解你是要教幼儿如何在集体中与他人相处，而不是责怪他不知道怎么做。

◆ 在制订行为改进计划之前，与家长谈谈，了解他们的看法。

◆ 从家长那里打听幼儿的喜好。这有助于理解幼儿目前的行为，有助于知道该如何奖励幼儿适宜的行为。

◆ 确定家长喜欢的联系方式，确认最好的沟通方法，用来交流幼儿园的工作。

◆ 定期给家长寄送便条或录像，描述幼儿的社会性技能的进展。

◆ 当要求家长协助幼儿发展社会技能时，具体描述这个技能并说清楚你希望他们做什么。

◆ 经常感谢家长的帮助。

 **有效班级管理的要点**

◆ 寻求家长的帮助，而不是责怪他们的孩子缺乏社会性技能。记住家长们面临很多压力，诸如来自其他孩子、工作、婚姻、经济紧张等的压力。这些压力会降低家长支持幼儿改进行为的能力。不要因为家长有问题就放弃幼儿——尽管许多幼儿的家庭生活很混乱，但他们仍然在幼儿园学会了适宜的行为。然而，当家长和幼儿园一起努力时，这会增加幼儿将从幼儿园学到的社会技能迁移到家庭的机会。

132. 有关社会性技能的故事和文学作品

 问题

强调社会性技能的故事被用于教那些以自我为中心和有发展障碍的幼儿。在这个策略中，教师用故事描述社会情况，解释适宜的社会性行为，展示其他人的观点，帮助幼儿记住该做什么。

 概述

有些幼儿还没学会不同情境下的社会性行为。用故事向他们明白地解释、展示期望的行为。对那些不能调节社会行为的幼儿，非常有用。

 目标

帮助幼儿理解不同的社会情境，从别人的观点看问题，在不同情况下采用适宜的社会行为。

 技巧

为了构思一个强调或说明某社会技能的故事，可以用下面的步骤：

(1) 用 2~5 句话，描述人们在某种社会情境中做什么。这些被称为描述性句子。

(2) 用积极的、可视化的语言描述幼儿的适宜回应。这是指导性句子。

(3) 下一个是观点性句子。描述别人对某种情况的想法，以便让幼儿理解他人的观点。

(4) 给幼儿读完故事后，得出最终的关键性句子。这可以帮助幼儿记住在某种社会情境中该怎么做。

(5) 例子包括：

- 幼儿在活动区玩。他们玩玩具玩得很开心。教师开始唱"整理歌",幼儿开始整理玩具,把它们都放在架子上。
- 我在交通中心玩小汽车。我喜欢玩汽车。教师开始唱"整理歌",我不玩了,把汽车都放在架子上。
- 老师笑了,她看见每个人都在整理。她说我们整理好就可以去户外活动。当我们整理玩具的时候,老师会喜欢。
- 听到"整理歌"的时候,就到了收拾玩具的时间了。

(6) 可以用图片或照片说明故事。

(7) 每天给幼儿读故事,读的时候指出这些话。

有效班级管理的要点

◆ 可以用故事教幼儿掌握社会性技能、怎样完成活动、了解一天中会发生什么等。尤其对那些还不具备通过观察环境来学习的幼儿特别有帮助。有关社会性技能的故事可以反映各种各样的技能和情境,可以在小组使用也可以对个人使用。在小组中使用时,可以用图表展示。

133. 实践案例:比利的故事

支持这个故事的原则

◆ 班级管理需要教师处理好个别幼儿的问题行为。

◆ 当一种办法不灵时,试试其他办法。

◆ 有些幼儿反应很快,有些幼儿反应较慢,需要更多时间。

◆ 处理幼儿的问题时,尽可能多地与其家长沟通。

◆ 教师分享自己的经历有利于幼儿理解他们遇到的问题。

◆ 当幼儿还不会用语言描述自身的需要和担心时,他们需要成人示范如何表达自己的情感。
◆ 幼儿园以外的专业帮助有时也是必要的。
◆ 耐心和幽默是成功的幼儿教师所必须具备的特质。

马森全身湿透了，走到卡罗琳老师面前，说："比利把我从沙箱那里赶出来了，他说我不会玩。"他哭了。卡罗琳老师花了几分钟安抚马森，然后走到沙箱边去看到底发生了什么事。比利正在那里尽情地玩着。

卡罗琳老师跟比利解释说他需要分享，因为马森也想玩。她将马森重新带入沙箱，鼓励男孩子们轮流玩。她讲了当比利把马森推出沙箱时，多么伤害马森的感情，并解释了怎样会令他人受伤。当男孩子们开始玩的时候，她把注意力转移到滑梯上，确保幼儿都遵守安全规则。几分钟后马森哭着回来了，因为比利打他并让他走开。

这个场景在不同的活动中、以同样的方式发生在比利身上。这已经不仅仅是简单的不分享玩具了。比利伤害其他幼儿的身体，他只要简单地对他们"无礼"，就会得到他想要的玩具。有时候，只要他出现或者闲逛到某个幼儿身边，其他幼儿就会立刻离开。比利能玩任何玩具而不与其他幼儿交涉。入园第一周，其他幼儿都在谈论比利，卡罗琳老师制止了这些闲谈，她意识到她早该注意到比利的行为。但现在仍有时间帮助比利学会适宜的互动行为，毕竟，这里是幼儿园！

卡罗琳老师花了一个星期观察比利，她观察到，比利通常能够分享，特别是当她就站在几米外的时候，但是当她转过身或者帮别人的时候，比利总会出问题。比利抓玩具，乱扔别人的东西，进入积木区的时候，用积木攻击他的同伴。卡罗琳老师得安抚受伤的幼儿，比利就有机会自己选择玩具了。因为"害怕"，比利只要看一下或者用身体语言威胁，其他幼儿就会给比利任何他想要的东西。她观察到哪怕比利并不在交通工具活动区，他也让其他幼儿"别碰我的卡车"，其他幼儿便躲开卡车。比利这些行为的结果是他可以自由地玩这些玩具，而不跟其他人分享。

卡罗琳老师决定首先教比利用适宜的方式得到玩具。她向比利示范适宜的行为，他也向卡罗琳老师展示了如何向她和同伴要玩具。在进入活动区或操场之前，卡罗琳老师暗示他如何要求得到玩具。她讨论了班级规则：轮流、对他人友好、完成你的任务。卡罗琳老师也提醒他，"别人不是用来打的"、"别人不是用来推的"。当幼儿进入活动区或操场时，她会监督比利。她鼓励有较好社会性技能的幼儿跟比利一起玩，当比利的身体语言表明他可能要攻击别人时，卡罗琳老师就走近他，提醒他注意这些规则。

其他幼儿也需要指导——该怎么面对比利。卡罗琳老师组织了班级活动，告诉幼儿如果别人想拿他们的玩具该怎么做，教幼儿说"等一等，我正在玩＿＿＿＿，你可以玩这个（指着另一个玩具）"。如果在操场或者活动区，她鼓励幼儿告诉别人："我还没玩好，请等一等。"她还让全班幼儿学会等候。

卡罗琳考虑到班级里有些事情可能引发攻击性行为。她注意到比利的画很少挂在"优秀作品墙"上，他是年龄大的幼儿，这与他的年龄不相符。她注意到个人竞争的氛围强调对最好的行为、最好的书写、最好的图画的奖励，而把比利和其他一些幼儿排除在外。卡罗琳老师决定让幼儿更多地与同伴一起工作，展示每个人的作品。

同时，她也意识到她使用"反思椅"是不恰当的、无效的。当比利在那里的时候，他通常唱歌、咯咯地笑、做出手势引别的幼儿发笑。比利缺乏引起别人积极注意的能力。"反思椅"成了对比利的奖励，而不是一种纪律措施，比利成了椅子上的明星。卡罗琳老师把"反思椅"从教室里撤掉了，她决定给比利一些课堂任务，让他帮助别人、与别人互动。她发现比利能很好地传纸、吃点心、把断掉的油画棒削尖。她让比利提前从操场上回来帮忙。如果比利在活动区里抢玩具，她就限制他在活动区玩耍的时间。有时候，她要关闭活动区好几天，直到幼儿们能好好地玩玩具。

除了这些做法，卡罗琳老师还跟汤姆斯太太，也就是比利的妈妈，进行了交谈。她知道了比利是家里的老二，会尝试跟哥哥竞争。妈妈表达了她的担心，因为比利的爸爸对他的"强硬"和"维护自己"的行为感到自豪，甚至比利对哥哥这样，爸爸也予以肯定。随着今年家里新生儿的到来，比利感到有些失落。汤姆斯太太发现比利并不是像爸爸认为的那么"强硬"，也不像她认为的那么独立。比利的妈妈决定每天睡觉之前在他身上花些特别的时间。她也意识到需要进一步监督两个儿子的游戏。也许，比利并不像她认为的那样能成功地跟哥哥竞争。

　　解决比利问题的办法并不简单。他的行为也不是能迅速改变的。卡罗琳老师的大部分努力用来预防比利"欺负"同伴，她给比利的计划涉及许多方面：教会比利适宜的行为，教会同伴如何回应，增加监督和管理，减少班级的竞争氛围让每个人都是"赢家"，与同伴一起工作，为比利提供班级责任，调整对他的约束措施，与他的家长会谈。即使有了这些措施，卡罗琳老师依然要根据比利及同伴的反应来监督和调整她的计划。后来，比利有了几个朋友，他的攻击性行为一个星期才会发生一次，而不是每天发生许多次。在学年结束的时候，比利要升入小学一年级了，卡罗琳老师很难过。毕竟，她在这个幼儿身上投入了这么多，见证了他的成长和改变。即使工作很艰难，她也会想："如果明年班里有另一个像比利一样的幼儿，我不会怕了，他是一颗闪耀的小星星！"

第 9 章

沟 通 技 巧

许多表现出困扰行为的幼儿都有沟通问题。幼儿可能在表达自己上遇到困难，或者在理解别人时有困难，也有可能在语言沟通或非语言沟通上有困难。本章强调了这四个方面的困难，把焦点放在解释和表达感受上。年幼的幼儿有强烈的感情，但是，他们通常不知道该如何表达自己。幼儿也许不能理解别人的感受，这是一种发展中的现象。然而，随着他们的成长，敏感的成人能帮助幼儿理解他人的感受。

本章强调了一些基本的沟通技能，包括：

◆ 寻求帮助
◆ 引起注意
◆ 请求许可
◆ 要求玩具
◆ 邀请朋友一起游戏
◆ 要求参加活动

当幼儿学会了这些沟通技巧后，他们就不大会用挑战性行为来得到所需的东西了。

最后，本章还强调了非语言的沟通。有学者相信，我们沟通的大部分信息内容是非语言的。尽管幼儿受到的关于非语言沟通的直接指导很少，但教师期望他们能学会。本章的目的是教会幼儿有效沟通，既有语言的，也有非语言的沟通。这是语言发展的一项重要内容。

134. 沟通和行为：动态的二重唱

 **问题**

教幼儿适宜的沟通方法，协助他们使用这些沟通技巧，可以帮助他们更好地控制行为。

 概述

许多有问题行为的幼儿都有沟通困难，有的幼儿是因为技巧问题：他们缺乏语言技巧，不能用社会接受的方式表达自己的需要和想法。另外一些幼儿则是表现问题，他们可以用语言沟通，但因为某些原因而不这样做。

 目标

教会幼儿用语言表达自己的想法，而不是用消极的方式来沟通。

 技巧

改进幼儿沟通技巧的步骤如下：

(1) 分析问题行为，确定幼儿想得到的结果是什么。

(2) 确定一个"公平配对"的行为，使用语言技巧：幼儿应该说什么才能满足需要，而不去使用消极的行为？

(3) 观察幼儿，看他有时候是否能使用语言技巧。如果幼儿能使用语言技巧来沟通，那么就是表现问题，而不是技能问题。如果是这样，你就要在幼儿可能产生问题行为的时候暗示他使用技巧。

(4) 如果幼儿目前不能使用语言技巧，制订一个计划让他学会用可接受的语言行为来表达。本章的下一部分内容就是讲如何教给幼儿适宜的语言行为。

(5) 幼儿学会了语言技巧后，督促他运用。

(6) 表扬他使用了这些词汇。

 有效班级管理的要点

◆ 有的老师会说："他知道该做什么，却选择不做。"要小心给幼儿下诸如说他"选择"不做正确的事这样的定论。对于大部分幼儿来说，知道做什么却没有做，并不是简单的决定。在某些情况下幼儿容易表现出某些行为，但是还不能迁移到其他情况下。通常他在某些情况下表现出的行为在其他情况下却不见了。在幼儿园，教师必须向幼儿展示可接受的社会性行为能对他有所帮助，消极的行为则没有用。

135. 教幼儿社会性沟通的基本原则

 问题

向幼儿展示如何进行适宜的社会性沟通。教幼儿语言技巧的时候，首先让他们模仿，随着幼儿能较好地进行语言沟通，可以减少对幼儿的暗示。

 概述

教幼儿社会性行为的时候，最成功的教学技巧是将暗示融入语言模仿。这个教学方法能让幼儿较少地依赖教师的指令，在沟通中更独立。

 **目标**

帮助幼儿学会本能地用社会认可的方式来沟通。

 **技巧**

考虑下面的步骤:

(1) 教幼儿社会性语言技巧时要确保语言简短。例如,如果想让幼儿学会提出请求(而不是抢),可以教他说"请问,我可以吃一片饼干吗?"。如果幼儿没有能力说出这么长的句子,你可以缩短成"饼干,可以吗?"。

(2) 开始教幼儿社会性语言技巧时,用夸张的面部表情、语调和姿势示范。

(3) 当你拿着饼干的时候,让幼儿说:"请问,我可以吃一片饼干吗?"

(4) 幼儿能这样做以后,你拿着饼干,等待幼儿自己要求。等待并用期待的目光看着他。

(5) 如果幼儿没有要饼干,对他说:"告诉我你想要什么。"

(6) 如果幼儿仍然不能回应,就对幼儿说:"饼干,可以吗?"然后幼儿要求的时候就给他饼干。

(7) 清楚地知道幼儿的语言发展水平。对那些语言发育迟缓的幼儿来说,尽管他们的发音不成熟,但要肯定他们想用语言交流的意愿。对于几乎没有语言技巧的幼儿,参见本章后面的"语言符号和手势"。

 有效班级管理的要点

◆ 永远不要跟幼儿在沟通上展开权力斗争!避免权力斗争的最好方法是用适当的态度和声调。如果你的声音像一个军官,幼儿可能会抗拒。相反,应该保持你的举止得当,监督你自己的态度!

136. 为情绪贴标签

 **问题**

幼儿能表达感受之前,需要学会确认情绪。

 **概述**

年幼的幼儿有时无法用积极的方法表达情绪。幼儿(有的成人)还没学会确认他们的感受,不能用语言表达自己的感觉。为想表达的情绪贴上接受性的标签是必要的能力,这种能力教师应当明确地教给幼儿,让他们能学会表达感受。

 **目标**

帮助幼儿学会确认自己和他人的感受。

 **技巧**

教幼儿确认他们的情绪时,可考虑以下的步骤:
(1) 翻阅你的图片文件夹、书、杂志,找一些代表各种基本情绪(如高兴、难过、生气、吃惊和害怕)的真实图片。
(2) 从两个"情绪图片"开始,让幼儿贴标签标明是高兴还是难过。
(3) 将图片分成两堆,一堆是高兴,一堆是难过。摆放的时候给每个图片贴标签。然后让幼儿分成两堆,你来贴标签。让幼儿用语言轻声地说出,给它们贴标签。
(4) 练习,直到幼儿能分辨并且给图片贴上标签为止。
(5) 增加一套图片来确认其他的情绪。
(6) 确认情绪。用之前的一套"情绪图片",像前面一样给图片分类。

(7) 当幼儿能给两套感情图片分类和贴标签的时候，可以加入第三套图片用于分类。

(8) 重复这个过程，直到幼儿能够分辨前述的五种情绪。

(9) 最好能跟幼儿一对一，并且时间不要太长。如果每天能这样做几分钟，会非常成功。

有效班级管理的要点

◆ 教幼儿确认情绪时，从小的开始。从简单的只有两种情绪的图片开始——通常最简单的一组是高兴、难过和生气。短时间最有效。尽管这是不错的群体活动，但是在群体活动之前，对有问题行为的幼儿进行短时间的个体指导会很有好处。

137. 表达情绪

问题

如果已经教会幼儿辨认情绪，那么在强烈的情感状态下表达情绪就很容易学会了。情感强烈的时候，很难保持注意力集中，也很难学习新的概念。

概述

幼儿经历着强烈的情绪体验，但是如果他们不知道自己的感受就无法表达。一旦幼儿学会确认情绪，他们体验强烈的情绪时就能更好地表达感情。

目标

教幼儿确认自己高兴、难过、生气、吃惊或害怕，这样他们才能说出自己的感受。

 **技巧**

参考下面的办法：

◆ 通过对着镜子做表情来确认情绪。

◆ 根据幼儿在一天中的表现来确认情绪。

◆ 描述幼儿一天中的感受，谈谈为什么人们感到难过、生气等。

◆ 幼儿能从图片、镜子中确认情绪后，当他们真的经历这些情绪时，就能更好地表达自己的感受。

◆ 用镜子练习示范表情并且给它们贴标签。

◆ 当幼儿在一天中表现出高兴、难过、生气等，描述他的感受，例如："马森，你看上去很难过——出什么事了？"

◆ 在幼儿表现出情绪（他真的变得烦躁不安之前）时，向幼儿询问他的强烈感受，鼓励幼儿说出自己的感受。

◆ 如果幼儿不能描述自己的感受，可以问他是否感到难过、高兴等。

◆ 给每个幼儿做一本"情绪书"，每天讨论一种不同的情绪。幼儿可以找到让他们高兴、难过、产生其他情绪的图片。他们会告诉你什么令他们生气、高兴等，你可以在他们的"情绪书"里面写下来。

◆ 家长帮助幼儿给"情绪书"寻找图片是一个很好的办法，让家长也参与到这个过程中。

 有效班级管理的要点

◆ 要尊重幼儿的情绪。然而，这并不能成为不适宜行为的借口。谈论幼儿的感受，以及为什么他会有这样的感受，但是要跟幼儿解释他应该怎么做。例如，"我知道你很生气，到了整理积木的时间了。你正玩得开心，你不想捡起来。尽管我们不喜欢这样做，但必须要捡起来。这样我们以后才能再玩积木。捡完以后，我们可以去户外玩。"

138. 引起注意

问题

在改变和预防幼儿的挑战性行为上,教师处于独特的位置。许多时候,幼儿在幼儿园学会了适宜的行为,他们能够把这些迁移到家庭和社区里。在处理本能的引起注意的挑战性行为时,有一些具体有效的策略。

概述

许多年幼的幼儿用消极行为引起家长或教师的注意。他们发现消极行为能有效地引起成人的注意。尽管引起注意的时候幼儿受到了责怪和训斥,但他们的目的达到了。对于某些幼儿来说,这是他们从成人那里得到的唯一注意。确实,消极的成人注意看上去像"爱"幼儿。当你用注意来回报幼儿的消极行为时,这会使其行为变得更糟糕。

目标

教会幼儿用适宜的方法引起注意。当幼儿学会用适宜的行为寻求注意时,他们会发现消极行为不再有用。

技巧

教幼儿用适宜的方法引起成人的注意时,如果能结合其他预防策略会更有效:

◆ 一个预防策略是,当幼儿表现很好的时候,给幼儿大量的高质量的关注。只要幼儿表现出适宜的行为,就给予幼儿关注。

◆ 区分注意的类型。有的幼儿喜欢拍拍后背、游戏互动、微笑或语言评价。观察幼儿对教师提供的注意类型的反应。

◆ 确保消极行为在引起注意的时候无效、不起作用。当幼儿用消极行为引起教师的注意时，不要责怪幼儿，不要用语言互动，不要用眼神接触。

◆ 提供一些能让幼儿体验成功的活动。看幼儿在自由时间喜欢做什么。了解幼儿的兴趣和天赋。当幼儿参与这些活动的时候，给他们大量的关注。

◆ 教幼儿用积极的方法吸引你的注意，包括使用下面的句子："看看这个"，"请过来"，"看我"以及"____老师"（强调成人的名字）。

◆ 按照下面的步骤来做：

(1) 向幼儿解释当他想要得到注意的时候，通过说"____老师"（或"看我"等）让你知道，每次选择一个句式来指导。

(2) 示范这个技能，语言请求的同时使用手势。

(3) 促使幼儿模仿这个技能。

(4) 注意并表扬幼儿要求引起注意的举动。

(5) 演练引起注意的适宜的方式。

(6) 促进幼儿引起注意。

(7) 将语言请求与手势结合起来——可以用这个手势引发语言请求。

有效班级管理的要点

◆ 目的是为了教幼儿用适宜的方法引起注意，让他们的消极行为无效。成功需要时间和努力，但总会有回报的。坚持是成功的关键。

139. 寻求帮助

问题

看到幼儿感到挫败的时候，促使幼儿寻求帮助。这比发脾气或放弃要好。

概述

当幼儿不能完成想做的事情时，他们会感到受挫。由于年幼的幼儿通常缺乏完成任务所需的技能，他们会感到沮丧。这是引发问题行为的原因。

目标

教幼儿学会寻求帮助，让他们完成任务，以免产生消极行为。

技巧

可参考下面的建议：

(1) 描述社会性技能。比如，

说："当你做事情的时候，如果遇到困难或者难过了，你应该寻求帮助。寻求帮助的时候，你应该叫斯密斯老师，并且说'我需要帮助！'。"

让幼儿描述这个社会性技能。

问幼儿："需要帮助的时候，你会怎么做？"

幼儿描述该怎么做。

说："对！我叫斯密斯老师，要说'我需要帮助！'。"

(2) 向幼儿示范。比如，

"看我！我来教给你怎样寻求帮助。"

如果你需要帮助，让幼儿告诉你。

问："我有没有寻求帮助？"

幼儿回答："是的！"

说："对！我叫斯密斯老师，并且说'我需要帮助！'。"

(3) 幼儿向你示范。比如，

"让我看看你是怎样寻求帮助的。"幼儿向你示范。

说："对！叫斯密斯老师，并且说'我需要帮助！'。"

(4) 通过给幼儿示范该社会性技能的例子，问幼儿你是否寻求帮助

了。比如,

问:"我做了什么?"

幼儿描述你做了什么。

(5) 幼儿适当地展示这个技能。比如,

说:"让我看看怎么寻求帮助。"(幼儿展示)

说:"对!叫斯密斯老师,并且说'我需要帮助!'。"

有效班级管理的要点

◆ 如果任务更具有发展适宜性,则幼儿更容易成功和独立。

◆ 学习的迁移:

- 当开始一项对幼儿有难度的活动时,提醒他如果需要的话可以寻求帮助。
- 给家长一张便条(参见下面的样本)解释你正在教幼儿的社会性技能。

家长便条范例:

亲爱的家长:

　　本周您的孩子正在学习的社会性技能是寻求帮助。如果您能在家提醒您的孩子使用这项技能,这将对他的学习很有帮助。

　　下面是您的孩子学习的内容。

当我需要帮助时:

(1) 我称呼老师的名字或叫我的父母(妈妈,爸爸)。

(2) 我说:"我需要帮助。"

当你的孩子需要帮助时,请给他寻求帮助的机会。

当孩子寻求帮助的时候,请给予他表扬并给予必要的协助。

非常感谢您!

140. 请求许可

问题

学习在群体中生活,幼儿需要了解一些底线。有些事情在家做是适合的,但是在幼儿园做是不适合的。例如,在家你可以随时去卫生间,但是在幼儿园就需要先询问一下。

概述

请求许可是终生的需要,学会请求许可的幼儿才能学会尊重权威——他们学会了什么时候需要询问,什么时候可以独自行动。

目标

教会幼儿在幼儿园知道行动之前什么时候应该请求许可。

技巧

可考虑以下建议:

(1) 描述社会性技能。比如,

说:"当我请求许可的时候,我称呼老师的名字,并且说'我能去活动吗?'或者'我能去卫生间吗?'。"

让幼儿描述这个社会性技能。

问幼儿:"我想去活动区玩的时候,我应该怎么做?"

幼儿描述该怎么做。

说:"对!我叫了老师的名字(斯密斯老师),并且说'我现在可以去活动区玩吗?'。"

(2) 你向幼儿示范。比如,

"我来给你展示怎样请求许可。"

让幼儿说说你是否请求许可了。

问:"我有没有叫老师的名字(斯密斯老师),并且说'我现在可以去活动区玩吗?'?"

幼儿回答:"是的!"

说:"对!我说'斯密斯老师,我现在可以去活动区玩吗?'。"

(3) 幼儿向你示范。比如,

"让我看看你怎样请求许可。"幼儿向你示范。

说:"对!你说'斯密斯老师,我现在可以去活动区玩吗?'。"

(4) 通过正确的示范向幼儿提供该社会性技能的例子。比如,

问:"我做了什么?"

幼儿描述你做了什么。

(5) 幼儿示范如何请求许可。比如,

说:"让我看看你怎么请求许可去玩小汽车。"(幼儿展示)

说:"真棒!你叫了我的名字,并且说'我可以玩小汽车吗?'。"

(6) 第二天,练习请求许可做其他事情。

 有效班级管理的要点

◆ 幼儿做某些事情需要请求许可,这样他们才能学会尊重权威。但这并不意味着回答总是"是"。对幼儿的请求要表示感谢,如果有些事情你不太确定,可以回答"让我想想"或者"我们看看"。这些问题也能帮助幼儿学会等候、延迟满足,学会自我控制。

◆ 学习的迁移:
  ● 提醒幼儿在班级里做某些事情之前要请求许可。
  ● 给家长写一张便条解释你正在教幼儿的社会性技能。

家长便条范例：

亲爱的家长：

　　本周您的孩子正在学习的社会性技能是请求许可。如果您能在家提醒您的孩子使用这项技能，这将对他的学习很有帮助。

　　下面是您的孩子学习请求许可的内容：
（1）我称呼老师的名字或叫我的父母（妈妈、爸爸）。
（2）我说："请问，我可以_____吗？"（到外面去，喝点东西）

　　当您的孩子请求许可时，请给予他表扬。

　　非常感谢您！

---

141. 要求玩具

 问题

　　当学前儿童想要某个东西的时候，他们也许没有机会学习询问别人。在幼儿园他们必须学习分享，用积极的行为来维护自己。要求玩具与分享（把拥有的东西给别人）和轮流（等待并对具体的指令做出回应）有关，向别的幼儿要求玩具有几方面的特点：①幼儿必须发起请求；②幼儿必须善于表达和沟通；③幼儿的回应依赖于另外一个幼儿。教幼儿要求玩具是在班级中预防"恐吓"的一个办法。

 **概述**

当幼儿学习要求得到一个想要玩的玩具时,他们是在学习帮助自己满足需要。随着幼儿学会要求,他们就不会抢玩具和打架了。

 **目标**

教会幼儿提出要求以得到别人正在玩的玩具,而不是抢过来。

 **技巧**

可考虑以下建议:

(1) 描述社会性技能。比如,

说:"当我想玩一个我朋友正在玩的玩具时,我说'请问,我可以玩这个小汽车吗?'。我会一直等她玩好。"

让幼儿描述这个社会性技能。

问:"我想玩我朋友正在玩的小汽车的时候,我该怎么做?"

幼儿描述该怎么做。

说:"对!我要求玩小汽车,并等到我的朋友玩好。"

(2) 向幼儿示范。比如,

"看我!我来给你展示怎样要求玩小汽车。"

让幼儿说出你是否用正确的方法要求玩小汽车了。

问:"我有没有要求玩小汽车,并等到我的朋友玩好?"

幼儿回答:"是的!"

说:"对!我要求玩小汽车,并等到我的朋友玩好。"

(3) 幼儿向你示范。比如,

"让我看看你怎样要求玩一个朋友正在玩的玩具。"幼儿向你示范。

说:"对!你要求玩小汽车,并等到你的朋友玩好。"

(4) 通过正确的示范教幼儿该社会性技能,并且问幼儿你是否用了正确的方法要求得到玩具。比如,问:"我做了什么?"

幼儿描述你做了什么。

(5) 幼儿和同伴示范。比如,

说:"让我看看你怎么提出要求玩小汽车。"

说:"真棒!你说'我可以玩小汽车吗?',并且等到你的朋友玩好。"

有效班级管理的要点

◆ 要求只是第一步,其他幼儿可能会说"不"。如果那样的话,需要提醒幼儿他的朋友还没有玩好。可以问问那个朋友什么时候能玩好,让他玩好以后把玩具给别人。

家长便条范例:

亲爱的家长:

　　本周您的孩子正在学习的社会性技能是要求得到其他幼儿正在玩的玩具。如果您能在家提醒您的孩子使用这项技能,这将对他的学习很有帮助。

　　下面是您的孩子学习的内容,当他想要玩别人正在玩的玩具时:
(1) 您的孩子说:"请问,我可以玩＿＿＿＿吗?"(娃娃,小汽车)
(2) 他一直等到朋友玩好玩具。
(3) 当朋友把玩具给他的时候,您的孩子感谢朋友。

　　当您的孩子要求得到玩具而没有抢过来的时候,请给予他表扬。

　　非常感谢您!

142. 邀请朋友一起游戏

 问题

教幼儿邀请他人游戏能增进班级中的社会性互动,并且建立幼儿的社会性技巧。这与"例子:学习开展游戏"技巧相似。那一节展现的技巧要求幼儿简单地给同伴一个玩具并且说:"我们玩吧!"这里描述的技巧则要求幼儿发起一个特别的加入活动。有时幼儿可以用"帮助幼儿学会加入游戏"一节的建议。下面的内容将告诉你,作为老师,怎样才能教会有社会交往困难的幼儿跟朋友发起活动。

 概述

许多幼儿不知道如何跟同伴发起游戏。他们可能习惯了自己玩或者由哥哥、姐姐在家发起游戏。教幼儿发起游戏活动旨在培养他们潜在的领导技能。

 目标

教会幼儿如何邀请同伴游戏。

 技巧

可考虑以下建议:

(1) 描述社会性技能。比如,

说:"当我们想跟朋友玩时,我们想做些好玩的事情,我们对朋友说'来吧,让我们玩_____(球)'。"

让幼儿描述这个社会性技能。

问:"我想跟朋友玩的时候,我该怎么做?"

幼儿描述该怎么做。

说:"对!我想做些好玩的事情,说'来吧,让我们玩_____(球)'。"

(2) 向幼儿示范。比如,

"看我!我来给你展示怎样邀请希瑟玩。"(示范)

让幼儿说你是否邀请了希瑟玩。

问:"我有没有想做些好玩的事情,说'来吧,让我们玩玩具'?"

幼儿回答:"是的!"

说:"对!我想做些好玩的事情,说'来吧,让我们玩玩具'。"

(3) 幼儿向你示范。比如,

"让我看看你怎样邀请贾斯汀一起玩。"幼儿向你示范。

说:"对!你想做些好玩的事情,说'来吧,让我们做饭吧'。"

(4) 通过正确的示范教幼儿该社会性技能,并且问幼儿你是否邀请昆汀来做游戏了。比如,

问:"我做了什么?"

幼儿描述你做了什么。

(5) 幼儿和同伴示范。比如,

说:"让我看看你怎么邀请昆汀来做游戏。"(幼儿与同伴示范)

说:"真棒!你想做些好玩的事情,说'来吧,让我们玩小汽车吧'。"

有效班级管理的要点

◆ 两个幼儿可能不愿意玩同一个玩具,发生这种情况时,向幼儿解释这时他需要问问朋友想玩什么。

家长便条范例：

> **亲爱的家长：**
>
> 　　本周您的孩子正在学习的社会性技能是邀请朋友一起游戏。如果您能在家提醒您的孩子使用这项技能，这将对他的学习很有帮助。
>
> 　　下面是您的孩子学习的内容，当他想邀请朋友一起游戏时：
> (1) 您的孩子想做一些有趣的事情。
> (2) 然后他对朋友说"来吧——让我们玩____吧！"（娃娃、汽车、球等）。
>
> 　　当您的孩子要求得到玩具而没有抢过来的时候，请给予他表扬。
>
> 　　非常感谢您！

143. 要求一个可选择的活动

 问题

当幼儿在一项活动中受挫，他们应该学会要求另一个可选择的活动或者要求休息一下。

 **概述**

成人通常知道什么时候该停下来休息，然后再完成任务。要求休息一下或者要求干点别的，能够让幼儿学会自我控制。不是扔东西发脾气，破坏材料，或者做出其他消极行为。这是应付想要逃避任务而产生消极行为的办法之一。

 **目标**

帮助幼儿意识到如果他们在活动中感到受挫，可以要求休息或者做其他不同的事情。

 **技巧**

可考虑以下建议：

◆ 确认消极行为的目的是为了逃避不喜欢的任务。

◆ 确保任务具有发展适宜性，对幼儿成长为学习社区中的一员有价值。如果任务对幼儿不重要，就不要硬性安排给幼儿。

◆ 确认幼儿在执行不喜欢的任务时能坚持多长时间，比如只能短时间参与圆圈活动或者桌面游戏活动。

◆ 当幼儿参与任务的时候，观察幼儿，看看什么情况意味着他累了并可能会表现出消极行为。

◆ 在幼儿表现出消极行为之前，提示幼儿要求休息或干点其他的事情。

- 问幼儿："你需要休息一下吗？"
- 如果幼儿点头或者说"是"，告诉他要说："我需要休息一下。"
- 当幼儿要求休息的时候，撤掉他不喜欢的任务，让幼儿到喝水处或者卫生间去一下。

◆ 同样的过程可以用于要求更换其他活动。你可以向幼儿提出两个活动，问他是否愿意干点别的。

有效班级管理的要点

◆ 确保班级任务对幼儿具有发展适宜性。如果幼儿拒绝完成任务，教师要先考虑这些任务是否重要。如果任务重要（比如整理玩具、坐下来吃午餐），那么使用鼓励幼儿要求选择或者休息的策略。幼儿可以过一会儿再完成他不喜欢的任务。幼儿做得好的时候要表扬他。教师要帮助幼儿培养完成任务的能力。

144. 非语言的沟通

 **问题**

幼儿也许不知道如何解读其他人的非语言的沟通。当幼儿能解读其他人的身体语言时,就能用适宜的方法更好地互动。

 概述

适宜的行为涉及读懂他人微妙的信息。通过意识到非语言的沟通,幼儿能更好地表达感受,表现出对他人的同情。

 **目标**

教会幼儿注意身体语言的含义。

 技巧

下面的办法能帮助你教会幼儿解读非语言沟通的重要技能:

◆ 收集一个图片文件夹,里面有幼儿和成人带着强烈感情进行互动的行为和身体姿势。例如,妈妈把手放在屁股上、爸爸微笑着把一只手举到空中、老师在笑、一个男孩因遭同伴抢玩具而表情沮丧。

◆ 让幼儿说说这些图片。

- 图片中发生了什么事情?
- 幼儿(成人)在说什么?
- 幼儿(成人)感觉怎么样?
- 为什么你认为幼儿(成人)感到____?
- 什么让你感到____?

◆ 问问班级的其他成员,他们感到____。

- 让幼儿用表情做出怎么样是____。
- 个别地问幼儿，让他说出图片中的人在做什么、有什么感受。第一次，你也许需要在班级中示范该怎么做。

有效班级管理的要点

- 对有的幼儿来说，可能需要个别指导或者小组指导，在指导过程中应使你的行为和面部表情比较夸张。

145. 声调

问题

年幼的幼儿通常不会意识到，声调也可以用来跟别人沟通各种积极的和消极的信息。教幼儿辨别各种声调时，幼儿应该知道：他们使用的声调会影响别人的感受和态度。

概述

由于幼儿所用的声调会影响他人的回应，所以要教幼儿辨认不同的声调。幼儿也需要知道某些事情说出来的方式会让别人有什么感觉。除非在班级里特别教过，否则许多年幼的幼儿会不知道如何用"礼貌的声调"。

目标

教幼儿辨认不同的声调，让他们意识到听的人会有什么感受。
教幼儿用礼貌的声调对班级里的老师和同伴说话。

技巧

考虑下面的步骤：

(1) 用角色游戏扮演典型的同伴互动,以此来开始圆圈活动,比如要得到一个玩具。

(2) 跟幼儿解释,你要跟强尼要求玩卡车,你可以说:"我想玩这个卡车。"

(3) 跟幼儿解释,你需要用礼貌的声调跟强尼说话,用积极的面部表情夸张你的语调。

(4) 示范使用不同的声调。

(5) 用不同的声调来扮演角色,跟圆圈里的幼儿说:"我想玩这个卡车。"

(6) 问幼儿听到你用礼貌的声调讲话时感觉如何。

(7) 问幼儿听到你用其他声调讲话时感觉如何。

(8) 问幼儿听到这种声调后他们是否想和你分享。

(9) 用礼貌的声调玩角色游戏,可以玩手偶、公仔或者毛绒动物。

(10) 问幼儿手偶是否用了礼貌的声调。

(11) 让幼儿向你示范用礼貌的声调要求玩具。

(12) 跟幼儿解释,礼貌的声音是怎么让你想要分享的。

(13) 让幼儿用礼貌的声调跟同伴玩角色游戏。

(14) 跟幼儿解释,即使使用了礼貌的声调,有的朋友还是没准备好分享玩具。没关系,如果我们可以等一等,我们的朋友在玩好玩具以后通常会乐于分享。

有效班级管理的要点

◆ 这部分内容的目的是教幼儿跟别人用礼貌的声调说话。在诸如区域活动或休息活动之前,提醒幼儿用礼貌的声调跟朋友说话。有的幼儿需要个别提醒。通过便条或者信件让家长知道你正在教幼儿使用礼貌的声调,家长在家也可使用同样的技巧。这能促进幼儿的学习迁移。在教室里张贴与使用礼貌声调有关的海报或者图片,这同样可以提醒幼儿使用礼貌的声调。

146. 面部表情

问题

能读懂他人表情的幼儿可以通过调整自己的行为来回应别人。

概述

辨认情绪、表达情绪和非语言沟通都影响着行为。面部表情表达了重要的社会信息。

目标

示范、解释、教会幼儿识别某种具体的感受。

技巧

可以参考以下步骤：

(1) 坐在学习圆圈的时候，跟幼儿解释现在要玩一个叫"猜猜我的感受"的游戏。
(2) 你做出一个表情，幼儿如果知道你的感受就举手。
(3) 谈论几种类型的表情，每种都示范一下，如高兴、难过、生气、受伤、困惑、吃惊、厌烦、疲劳、生病等。
(4) 示范表情。
(5) 让幼儿识别感受。
(6) 说说别人为什么会是这种感受。
(7) 让猜到感受的幼儿成为下一个示范者，在圆圈前面示范。
(8) 帮助幼儿识别感受。让幼儿说一说他的感觉。
(9) 其他幼儿轮流示范面部表情。

有效班级管理的要点

◆ 面部表情的数量和类型根据班级中幼儿的发展而定。大部分学前儿童在一定范围内有不同的发展水平，能识别简单的表情后再示范比较难识别的表情。

147．身体语言

 问题

幼儿应该意识到自己和他人的动作包含着一种信息。

 概述

动作比语言能表达更多的内容。如果幼儿能更好地解读身体语言，他们就能调整自己回应信息的行为。

 目标

教幼儿识别身体语言并通过身体语言来表达信息。

 技巧

可考虑以下的步骤：

(1) 在学习圆圈里，跟幼儿解释他们是使用嘴巴和身体一起说话的。
(2) 从图片文件夹或语言发展配套资料里找到代表身体语言的图片，向幼儿展示这些图片。说说图片上的人物用身体语言在说什么。
(3) 模仿图片中的人，问幼儿你的身体语言在说什么。
(4) 让幼儿演示一下图片中的人在干什么。
(5) 问幼儿为什么他们觉得图片中的人是在做那件事情。

(6) 让幼儿轮流站到圈子中央。给幼儿一张图片，让他演示图片中的人在干什么，提醒幼儿只能用身体语言，不能用嘴巴说。

(7) 问其他幼儿，这个幼儿的身体语言在说什么。

有效班级管理的要点

◆ 不同的幼儿理解身体语言的水平不同。如果幼儿在这方面理解得比较少，要给他们用简单一点的图片。

148. 语言符号和手势

问题

大部分行为困难的幼儿都缺乏用语言表达自己的能力。有的幼儿还没有发展到一定水平，不能说出让别人理解他们的想法和需要的话。在这种情况下，可以教幼儿通过手势或简单的语言符号来表达他们的需要。

概述

幼儿的许多问题都与他们无法用语言表达自己有关：发育迟缓、语言发展缓慢、身体残疾或者情绪问题。研究表明，使用语言符号和非语言沟通能促进幼儿语言的发展。

目标

教幼儿通过手势或语言符号表达他们的基本要求和需要。

技巧

参考下面的步骤：

(1) 观察有问题行为的幼儿，确认何时、何种情况下他会出现问题行为。

(2) 幼儿的行为沟通传递了什么信息？一些常见的信息有：
- 我想要休息！
- 我完成了！
- 我想要____！
- 走开！
- 我快疯了！
- 看我！

(3) 是否有什么手势可以表达信息？例如，"我想要____"可以通过指向什么东西来表达。这个手势肯定比抢东西或者发脾气要好。

(4) 如果没有手势，一个简单的手动符号也很合适，比如"完成"或"休息"的符号。

(5) 通过角色游戏教幼儿手势或符号。

(6) 促使幼儿使用这些符号并且在消极行为发生之前使用。

(7) 确保班级中其他人理解这个手势或符号。

(8) 当有问题行为的幼儿使用手势或符号的时候，对他们表示肯定。

 有效班级管理的要点

◆ 手势或符号不会影响幼儿学习语言表达的能力，相反，能提高他们在班级中互动和表达需要与要求的能力。定期就手势或符号与幼儿交流。当幼儿能够通过手势或符号交流时，鼓励其运用语言和词汇来表达。如果期待幼儿的回应，那么请你保持愉快、积极的态度。

149. 交流增加接纳

 问题

人的最大需求之一就是接纳。马斯洛的层次理论将"归属的需要"放在了人类基本需要梯形层次的最高处。幼儿想要被别人接纳，但是缺

乏做出社会接纳行为所需的能力和技巧。

概述

沟通行为——语言和非语言的，都能促进社会性接纳。示范并教幼儿学会这些行为，能帮助幼儿成为被社会接纳的一员。

目标

教幼儿学会促进社会接纳的行为，让他们看到你和其同伴表现出这些行为。

帮助幼儿在班级体验社会交往的成功，让他们愿意将这些行为迁移到其他地方。

技巧

下面的沟通行为是通过示范学习的：
- ◆ 微笑
- ◆ 用积极的声调
- ◆ 眼神接触
- ◆ 在谈话之前接近对方以引起注意
- ◆ 温柔地碰别人和宠物

下面的沟通行为也许需要直接教授：
- ◆ 称呼同伴的名字
- ◆ 给予表扬
- ◆ 说"请"和"谢谢"
- ◆ 邀请朋友参与游戏

有效班级管理的要点

◆ 大部分幼儿通过观察环境中他人的行为来学习如何被社会接纳。

有的幼儿确实受到了消极的角色示范的影响，必须教他们好的行为，帮助他们成为集体中积极的、易被接纳的一员。有的幼儿的发展问题可能与他们的沟通能力有关，教师可以教他们一些可选择的技巧。

150．实践案例：奥利弗的故事

> **支持这个故事的原则**
> - 班级管理需要教师处理好个别幼儿的问题行为。
> - 当一种办法不灵时，试试其他办法。
> - 有些幼儿反应很快，有些幼儿反应较慢，需要更多时间。
> - 处理幼儿的问题时，尽可能多地与其家长沟通。
> - 教师分享自己的经历有利于幼儿理解他们遇到的问题。
> - 当幼儿还不会用语言描述自身的需要和担心时，他们需要成人示范如何表达自己的情感。
> - 幼儿园以外的专业帮助有时也是必要的。
> - 耐心和幽默是成功的幼儿教师所必须具备的特质。

"不，不是这样！"奥利弗大声尖叫。他常这样哭闹，伴随着"不"、"我不要"、"你不能让我这样"。玛莎是这些4岁幼儿的老师，她被奥利弗激怒了。不管她如何努力来奖励奥利弗，他都不遵守规矩。后来，奥利弗开始跟她讨价还价，玛莎意识到自己落入陷阱了。要求做什么事情的时候，奥利弗会问他能不能去他要求的活动区，不是老师而是奥利弗在设定标准。

玛莎意识到她花了太多时间来约束奥利弗，他的行为限制了班里其他幼儿的进步。把奥利弗送到"反思椅"上类似于一场斗争，必须有人看着他。他的花招越来越多了,他的行为越来越恶化。奥利弗的妈妈被叫到幼儿园来了,她是流着泪来的。奥利弗的爸爸离开了她,留下了两个年幼的孩子,没有人知道爸爸去哪儿了。她的工作薪资微薄,如果因为奥利弗的行为而不能工作的话,她就无法挣钱了。

玛莎跟奥利弗的妈妈进行了谈话,她意识到这位妈妈在遭受丈夫抛弃后,挣扎于失望、对两个幼小孩子的责任和经济问题之中。几乎没有家人和朋友可以帮助她。奥利弗的妈妈说两个儿子的爱让她坚持下去,她会用各种可能的办法帮助奥利弗。

玛莎用了一个星期在幼儿园观察奥利弗并记录他的消极行为。她意识到奥利弗的消极行为和拒绝活动给他带来许多别人的注意。同时,奥利弗有强烈的控制班级活动的愿望。她从家长会了解到,除非做出不好的行为,奥利弗在家很少得到关注。对奥利弗来说,他已经习惯了成人消极、否定的关注——他看上去很享受这种消极的关注。玛莎还观察了奥利弗在自由时间做什么,这样可以了解他的喜好。

思考了对奥利弗的观察以及从家长会得到的信息后,玛莎有了一个计划。她意识到奥利弗是一个伤心的小男孩儿。她应该做的事情不是下命令,而是让自己的指导变得有活力,努力使孩子的学习成为有趣和令人兴奋的事情。她还意识到,如果要让奥利弗与自己合作,自己的声调、表情必须是积极的、愉快的。

接下来,她决定为奥利弗提供选择,例如选择油画棒还是铅笔、选择红垫子还是蓝垫子、选择站在队伍后面还是前面。无论她想要让奥利弗做什么事情,她都给他提供选择。她意识到,选择必须具有发展适宜性,并且限制在两项以内。此外,玛莎还让奥利弗选择班级活动,这样能为他提供大量来自老师和同伴的积极的关注。

玛莎知道奥利弗不愿意尝试新的班级任务。她决定采取几个策略。首先,她使用了可能性大的要求,她将新技能植入熟悉的技能,这样奥利弗就能在没有威胁的情况下体验成功。她还使用了合作任务的形式:你做第一件事,我做第二件事,你做第三件事,我做第四件事。她还用了"奶奶的规则"：你完成了任务，才能去活动区。玛莎意识到"奶奶的规则"与奥利弗的讨价还价（他具体的回报和条件）或贿赂（要求不好的或有害的事情）不同。这样确实要花许多额外的时间，但是比起处理奥利弗的消极行为所花的时间已经少多了。同时，这些策略也能帮助其他幼儿。

  玛莎的最后一个策略是从每天奥利弗进入班级开始，就给他大量积极的关注。她发现，如果奥利弗能在一天中早早得到积极的关注，他就不会感到丧失了关注而诉诸于消极行为。通过所有这些策略，奥利弗取得了很大的进步。仍然有困难的时候，玛莎会与奥利弗的妈妈沟通。她了解到奥利弗的爸爸有时候会去看望孩子们。有时候，奥利弗夜里睡得晚了，或者在家里感到失望。还有的时候，与同伴的争吵为奥利弗一天的消极情绪奠定了基础。玛莎意识到，奥利弗的消极回应仍然会出现，但是频率已经大大减少了。伴随着她的积极态度、她的教学策略的改变以及与家长的沟通，她不再与奥利弗陷入权力斗争了。她知道奥利弗会成为她无法忘记的幼儿——他教会了自己许多东西，关于幼儿，也关于自己。

万千教育 学前教育类书目

书号	书名	著、译者	定价(元)
幼儿园教师专业成长指导			
2547	认识婴幼儿的游戏图式	张　晖　等译	48.00
2113	做会沟通的幼儿教师	胡剑红　等　主编	38.00
2236	幼儿园文案撰写规范与技巧	刘　敏　等著	52.00
2311	幼儿园探究性环境创设（四色）	康　丹　等译	48.00
2056	小脑袋，大问题（四色）	孟　晨译	48.00
2309	破解幼儿园教师的90个工作难题	杜长娥　徐　钧　主编	52.00
2112	幼儿园优质教研活动设计方案	朱　清　等著	38.00
1781	给青年幼儿教师的建议	吴邵萍　著	40.00
8470	答新手幼儿教师120问	刘洪霞　主编	28.00
1798	幼儿园新手教师指导手册	王　芳　等著	48.00
1783	从新手到骨干——幼儿教师专业成长故事	尹坚勤　编著	42.00
1780	幼儿教师追求幸福的方法	余胜兰　著	42.00
9111	做个幸福快乐的幼儿教师 ——为你的专业成长支招	莫源秋　著	28.00

9047	幼儿教师临场应变技巧60例	冯伟群 著	25.00
8930	幼儿教师易犯的150个错误	伍香平 编著	32.00
0070	幼儿教师必知的礼仪规范	向多佳 编著	38.00
9611	幼儿园教师必知的60条教育政策与法规	洪秀敏 编著	34.00
幼儿园教师专业成长指导系列合计			681.00
幼儿园教师教学技能与活动指导			
2727	从头到脚玩绘本（全彩）	董旭花 张海豫 主编	78.00
2253	理解儿童心理从绘画开始（全彩）	陈侃 著	38.00
0760	幼儿园备课·说课·听课·评课	俞春晓 等 著	42.00
9499	幼儿教师必须修炼的10项教学技能	俞春晓 著	25.00
9454	幼儿园教学诊断技巧与对策58例	王春燕 等 著	38.00
9612	幼儿园综合主题活动 ——设计技巧与优秀案例	赵旭莹 等 主编	42.00
1235	幼儿园绘本美术活动创意设计（全彩）	郭莉萍 赵福云 主编	68.00
9323	幼儿园美术活动创意设计（全彩）	罗梅 赵福云 主编	56.00
0180	给幼儿教师和家长的81条美术教育建议（全彩）	李力加 著	62.00
9150	幼儿园节日活动精彩设计方案	刘洪霞 主编	35.00
9590	幼儿园语言活动创新设计	郭咏梅 著	32.00

……
欲了解更多图书信息，请登录：www.wqedu.com
联系地址：北京市西城区三里河路6号院2号楼213室　万千教育
咨询电话：010-65181109，65262933

*本目录定价如有错误或变动，以实际出书为准。